杭州历史经典产业品牌振兴战略研究

汪建军 著

中国美术学院出版社

2018年度浙江省文化厅文化科研课题

目录

一、绪论

“历史经典产业”是浙江省委、省政府根据本省实际情况，立足于传统实体经济在当下和未来的可持续发展而提出的全新概念，指的是浙江省境内拥有悠久历史传承、蕴含深厚文化底蕴的传统产业，主要以丝绸、茶、黄酒、中药、木雕、根雕、石雕、文房、青瓷、宝剑等十大产业为代表。[1]

振兴历史经典产业，既满足地方经济在新形势下进一步发展的需要，也符合新时代继承与弘扬传统文化的要求。振兴历史经典产业的一个重要手段是增强其现有产业主体尤其是老字号企业的品牌生命力，如通过提高品牌的创新力或老字号年轻化。此外，还需要维护和提升其品牌价值，因为老字号品牌是经济与文化在长期协同效应下形成的无形资产，它们在长久以来的商业传播和与日常生活的融入过程中，已积累了充分的价值，需要保持并进一步拓展。

杭州作为江南名城和华东地区的经济文化重镇，既是京杭大运河的起点，也是广义丝绸之路的起点之一，自宋代以来就成为中国南方的文化交流与商贸汇通的核心地区带。杭州亦是近代民族产业和品牌的发祥地之一，有着极为丰富的文化资源和众多历史悠久的传统产业。我省十大历史经典产业中，丝绸、茶、中药、文房等产业的众多老字号企业与品牌就发源和扎根于杭州，其中丝绸和茶叶在历史上远销欧洲，对西方的社会生活产生过一定的影响。杭州的中药产业亦十分兴旺发达，除了拥有与北京同仁堂齐名的“胡庆余堂国药号”外，还有着一大批闻名全国的“中华老字号”。

杭州的丝绸、茶和中药产业，一直是本地区经济的重要组成部分。然而近年来，尽管这些传统产业依托中国经济良好的总体发展趋势和全社会的文化产业热潮在短时间获得了较快的发展，但面对新时代市场和

1“历史经典产业”概念最早出现在2015年初前浙江省省长李强的政府工作报告中。

消费者巨大变迁，其产业前景其实并不容乐观，尤其是在品牌的文化建设、价值挖掘、形象升级、传播拓展、管理优化上有着明显的不足。其中的主要原因也许在于这些传统产业品牌往往过于强调维持其传统，而本能地踌躇于创新。当然，这一问题虽容易理解却很难化解，因为维持和创新本身就一组矛盾体。我们不得不警惕的是，现代的结果——社会的快速变革和持续发展，总是会导致传统文化不断衰减，这一点，并不是靠简单维持和保护就可以抗衡。如果我们不在老的传统基础上创造新的文化形式和内容，并由此构建新的传统，那么传统文化的衰落就无法避免。

今天，成长于现代生活环境并习惯了现代生活方式的年轻一代(80后、90后）消费者已成为决定市场规模的主力。传统产业企业和老字号品牌如果不与时俱进，不积极应对市场日新月异的变化，其前景将十分堪忧。因此，如何从品牌创新驱动的视角出发为杭州历史经典产业的发展和振兴找到好的策略，如何在品牌设计、品牌传播和品牌管理上进行创新思考，如何在品牌文化建设上进行进化式发展布局，从而增强其品牌生命力，提升其品牌价值，真正为传统实体经济的发展带来驱动力，是我们刻不容缓需要研究的内容。

振兴杭州历史经典产业品牌会对这些产业本身经济价值的提升起到决定性的作用，同时也能为本地区的文化增添新的生命力。如何在新时代借助新的品牌设计理念、方法和品牌传播策略、手段，以赋予历史经典产业品牌以新的面貌、新的价值和新的时代精神，同时彰显浙江元素和杭州地方特色，形成具有中国代表性乃至世界影响力的文化品牌和品牌文化，推动历史经典产业的全面振兴，助力地方经济和文化的可持续发展，就是本研究的主要目的。

1.1 历史经典产业的发展机遇

今天，中国的经济正在从以出口和投资拉动为主，向以消费为主导的增长格局转变。这意味着中国社会将迎来消费的全面升级。今天，消费者的需求在不断地走向多元化和个性化，因此对产品背后的文化会愈加重视，这就有利于有着深厚文化底蕴的历史经典产业的发展。历史经典产业的产品（除中药外）有一共同特点，在社会大众收入较低时，它们并不是必需消费品，只有当收入提高了，此类产品的需求才会扩大，才会成为高品质生活的象征。

今天，世界各国都认识到文化产业对国民经济长远发展的重要性，同时对品牌所能带来的商业价值和文化价值的认知也在不断增强。在我国，发展文化产业和品牌建设已越来越受到各级政府、企事业单位和社会各界的重视。习近平总书记提出的“三个转变”——“中国制造向中国创造转变、中国速度向中国质量转变、中国产品向中国品牌转变”，以及在十九大报告中关于“推动文化事业和文化产业的发展”的重要指示更是为我国的文化产业发展和品牌建设之路明确了方向。

浙江省对文化产业及其品牌建设的重视度一直在全国前列。为贯彻中共中央办公厅、国务院办公厅的《关于实施中华优秀传统文化传承发展工程的意见》《国家“十三五”时期文化发展改革规划纲要》等指导性文件的精神，浙江省人民政府办公厅颁发了《浙江省实施中华优秀传统文化传承发展工程工作方案》《浙江省文化产业发展“十三五”规划》《关于加快把文化产业打造成为万亿级产业的意见》《浙江省传承发展浙江优秀传统文化行动计划》等文件。针对历史经典产业，浙江省人民政府办公厅早在2015年底至2016年初就颁布了《关于推进丝绸产业传承发展的指导意见》《关于加快推进中药产业传承发展的指导意见》《关于扶持文房产业传承发展的指导意见》《关于促进茶产业传承发展的指导意见》等一系列指导意见，全面吹响了保护和振兴历史经典产业的号角。2017 年初，浙江省文化厅也颁布了《浙江省非物质文化遗产保护发展“十三五”规划，明确提出要开展传统工艺振兴行动，深入挖掘十大历史经典产业的文化内涵。

上述政策指向和指导思想必将对浙江省和杭州市的历史经典产业产生深远的影响。接下去要做的就是如何充分调动社会的积极性和智慧，开展经典产业及传统工艺的振兴行动，挖掘文化内涵，增强文化魅力和品牌的市场竞争力，使浙江和杭州的历史经典产业能够在“一带一路”经济全球化的新格局中焕发出崭新的生机和活力。发展历史经典产业，需要做好各方面有效融合的文章，比如，推动历史经典产业与地方特色文化的融合，促进历史经典产业与其他相关产业，如与艺术品、日用品、文化和旅游产业的融合，支持历史经典产业线上和线下推广销售的融合，加强历史经典产业品牌保护传承和创新发展的融合等。

思路决定出路，历史经典产业品牌的振兴既是政府的决策，也是社会的共识。对于历史经典产业品牌，我们需要追溯过去的辉煌、反思当下的困境和谋划未来的崛起，同时我们必须清楚，要振兴它们，既面临历史遗留的巨大困难，也拥有时代赋予的良好机遇。传统产业和文化要发展，不能仅仅依靠保护，而是需要在创新和进化发展中寻找出路——这也是历史经典产业品牌振兴命题的最大难处所在。我们唯有在保护和创新之间作好平衡、弱化矛盾、形成合力，才有可能将历史经典产业品牌继承下去并发扬光大。

1.2 品牌与文化的“新冰山理论”

历史经典产业品牌不只是商业品牌，更是文化品牌，因此，我们在讨论其商业意义和商业价值之前，需要先从文化的角度来进行理解。

品牌触发着人的感知、调动着人的认知，根植于人的心智，是一种典型的存在于主体之间的共同意识。品牌一旦建立起来，就等于在消费者的心智中建立了一个符号学意义的信仰体系。不仅品牌如此，所有可称之为“文化”的东西，都具有这样的特性。这就是品牌与文化的共性之一。品牌和文化还具有向内求同、向外求异的共性。在一个品牌或文化系统的内部，人们会追求从形式到内容的统一性，这样做一方面有利于系统管理，另一方面可以因此形成系统内部的凝聚力；而当品牌或文化系统面对外部时，会更多地强调差异性和独特性。品牌差异化是品牌生命力的基础，而一个民族独有的“文化图像”（Culture Image）就是它区别于其他文化的显性特征。品牌和文化的这些共通性，使两者在概念上可以彼此连接，因此，人们通常会讲，做品牌就是做文化，即“品牌文化”，文化做得好就会成为品牌，即“文化品牌”。

在诸多的品牌理论中，“冰山理论”（The Iceberg Theory）是最著名的一个，它由美国品牌营销专家戴维森（Davidson）于 1997 年提出，指消费者通常只能看到品牌的表面部分，如品牌名称、品牌标识、品牌口号、品牌广告、品牌故事等，而品牌的隐藏部分，如品牌核心价值、品牌战略定位、品牌管理理念、品牌文化、各种资源配置等却看不到。[1] 品牌冰山理论简单来说，就是品牌的显性（Explicit）部分远远小于其隐形（Implicit）部分。“冰山理论”既适用于品牌，也适用于文化，因为文化也可分为显性文化和隐形文化，前者包括符号（Symbols）、特质（Characters）、习俗（Habits）等，后者包括规则（Norms）、信仰（Beliefs）、

1 Davidson, H., *Even More Offensive Marketing*, New York: Penguin, 1997.

价值（Values）等。在笔者看来，“冰山理论”亦可用来类比品牌和文化都具有的某种特性——像冰一样都会随着周边环境包括自身的变化，或凝结、扩张，或消融、湮灭。理解这一点，就能够更好地理解品牌的生态和文化的生态。

今天，全球化一体化和现代化的进程就如同全球温室效应，使得绝大多数地缘文化和传统文化都面临着消融的局面。如果说过去导致某些文明衰亡的主要原因是外族入侵、大规模战争或大范围传染病，今天则很可能是因为前面所提到的内部同一性的衰减和对外差异性的削弱。而全球化正使得今天的每一种地域文化不得不从原来的向内求同、向外求异转为向外求同、向内求异。之所以会反向，原因不难理解：向外求同是长时间被动接受或主动学习主导世界的西方文化的结果；向内求异是今天的人们不断追求个性化、多元化、去中心化等的结果。

与追求个性化、多元化的文化现象相对应的是社会形态的变化。德国学者昆特和图恩概括了从 20 世纪 50 年代到 90 年代西方社会的变迁与文化现象的变化：

20 世纪 50 年代——“觉醒的社会”，注重“时尚”；

20 世纪 60 年代——“成熟的社会”，注重“使用价值和功能”；

20 世纪 70 年代——“饱和的社会”，注重“审美”；

20 世纪 80 年代——“过剩的社会”，注重“语义”；

20 世纪 90 年代——“厌倦的社会”，注重“体验和自我策演”。[2]

今天来看，我们的社会似乎也在如此发展，只不过和西方发达国家相比，还有一个时间差。值得我们反思的是，今天的中国，自拍、美颜、网红、女主播等“自我策演”现象充斥着整个社会，另外，不管哪个商家、企业家、设计师都言必称“体验”，这是否意味着我们的社会已迈入了“厌倦的社会”时代？

之所以会“厌倦”，也许是因为一切都来得太迅速，并且，尤其是对现代的年轻来说，一切都来的太容易。

今天的各种时尚文化和各种所谓的“潮牌”“爆款”正在以越来越快的速度产生。与此同时，它们中的大多数也在以越来越快的速度消失。过

2 Küthe, E., and Thun, M., *Marketing mit Bildern*. Köln, 1995.

去，一个品牌的创建需要几十年甚至上百年的历史沉淀，例如德国双立人（Zwilling）用了整整一个世纪才成为德语地区知名品牌，再用了将近一个世纪成为欧美地区著名品牌，最后又用了大半个世纪才于20世纪末成为全球市场领导品牌。今天，在资本的推动下，一个品牌的诞生可能只是瞬间，它的消亡也可能只是瞬间。

基于上述思考，笔者在这里尝试提出一个“新冰山理论”，以此类比品牌的形成、扩张和衰亡。借助计算机程序模拟冰的生成、融化和冰水之间的“博弈”过程，可以观察到，如果把某一个“冰”的初始凝结点看作是一个新品牌的创立，那么在大多数情况下，它们的生存状态或被环境（液态水）消灭，或被同类（其他冰）吞并，只有少数能够突破边缘、兼容并蓄、扩张壮大。从整体来看，它们既不会形成均匀分布，也不会形成正态分布，二是会越来越趋向于幂率分布，即变成由少数冰块占据绝大多数空间的局面。而随着时间推移，再巨大的“冰山”也会逐渐从边缘消融或从内部分化。在这种成王败寇的现象背后，体现出一种无法精确计算的随机性。从历史的经验中我们也知道，品牌的成功其实并无必然性，任何品牌都需要很长时间才能积累起足够的势能，形成可以征服市场和占据消费心智的品牌生命力，并且，在这一过程中，随时随地都有可能因市场环境的动荡、竞争对手的崛起或企业内部的变化而折戟沉沙。

1.3 熵、信息熵与品牌传播

在上述冰水系统中，能量转换并不守恒，真正起决定作用的是"熵"。

理解熵，对我们理解品牌和文化的发展与变化非常有用。熵是指系统的混乱度。熵值越低，系统越秩序，变数越少，状态也越少；熵值越高，系统越混乱，变数越多，状态也越多。能量转换总是会产生熵，在一个封闭系统中，除非外部注入新的能量，来维持其秩序，否则熵就会不断增加，最终所有的能量都会转变成熵，直到系统死亡。冰的生成和融化也一样，冰晶体是水分子的有序排列，当它吸收能量后，就会变成水，熵值增加，其分子排列就会变得无序。如果继续吸收能量，液体水就会变成气体，熵值变得更高，其分子排列就更加无序。

熵理论告诉我们，在一个系统内部，事物总是会向着更混乱的状态不断崩塌。今天，人类社会在科技的推动下不断加速发展，各种能耗都在指数级地增长。而能量消耗越大，就会产生越多的熵，从而导致混乱度的增加。想要维持现有的秩序，就需要更多额外的能量。于是，人类社会就像是被熵绑架了一般。今天的文化异化现象，很大程度上可以理解为熵值的增高。而旧文化的消融是必然趋势，我们的社会发展越快，过去的文化就会消融得越快，即使我们注入大量额外能量以维持现有秩序，也还是会陷入上述矛盾状态。

在今天这个以科技为主导的全球化时代，几乎所有事物都不得不臣服于"现代性"，持续且不可逆转地向更新、更现代和更未来的模式发展。在这一现代化的跃迁过程中，传统文化与现代文化的断层现象会变得越来越明显。维持传统事物现状也因此会变得越来越困难，需要赋予更多的额外能量。在这样的背景下，提出历史经典产业品牌的振兴，无论是对决策层还是对操作层来讲，都需要有充分的文化自信和足够的战略思考。

任何历史经典产业品牌，仅靠维持现状显然不足以走得更远，振兴唯一的途径是不断创新——通过产品创新、市场创新、品牌创新、传播创新等，使其真正得以进化发展。

品牌创新与传播创新，可以理解为品牌在形式上的创新和与品牌内容相关的信息在传播上的创新，本质上都是围绕着品牌理念与核心价值的传播，因此我们也可以借助信息熵来描述其原理。在美国数学家香农（Claude E. Shannon）的信息论中，信息熵是用来表示信息不确定性的量度。信息熵越大，信息的不确定性就越大，把它搞清楚所需要的信息量也就越大。而信息就是用来消除不确定性的东西。品牌设计和传播的目的就是要将品牌理念与核心价值等信息有效地传达给消费者，并确保其在他们的心智中能持久留存，这就需要不断释放信息以维持其确定性和有序性，从而最大限度地降低熵。品牌的价值可以通过品牌信息持续有效地传递积累起来和体现出来。确定性和有序性越高、传播度越广、传播时间越长的品牌信息越有价值。这便是品牌传播的奥秘。

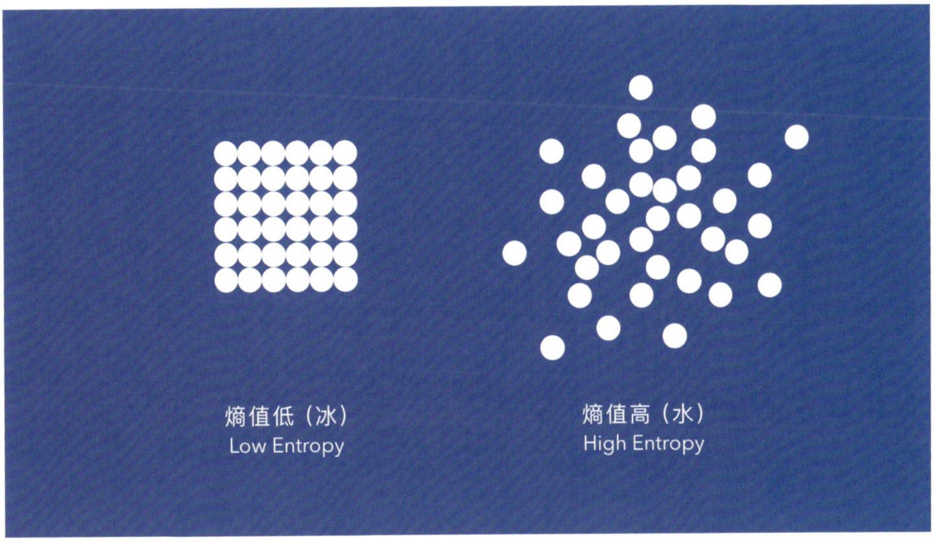

1.4 研究内容与方法

根据美国著名品牌研究专家、品牌资产管理理论创建者大卫·艾克（David A. Aaker）的理论，品牌建设必须要分析三个方面的因素：1. 消费者分析，分析内容包括市场趋势、动机、未满足的需要和市场区隔；2. 竞争对手分析，分析内容包括竞争者的品牌形象、品牌识别、实力、战略、弱点等；3. 自我分析，包括品牌目前的形象、品牌历史、品牌价值、组织、实力与能力等。[1] 我们将着重从产业、企业与品牌自身和消费者两个方面来分析杭州历史经典产业及其品牌所存在的问题，竞争者分析只作简略描述。在这些问题的基础上，我们将借助新的品牌设计、传播和管理理论，来提出杭州历史经典产业品牌振兴的可能性，供相关企业及品牌从业者参考。

本书的主要内容包括以下四个部分：

1）杭州历史经典产业及其品牌溯源。这一部分为自我分析，即从丝绸、茶、中药、文房四大产业的历史源头和文化背景出发，追溯其迄今为止不同历史时期的发展状况与现状。此外，还将介绍各个产业中最具代表性的一些老字号企业和品牌。该部分的主要参考资料来自老字号企业的汇编文献和网络相关信息。

2）杭州历史经典产业及其品牌调研。该调研的目的是为了能够尽可能地量化评估杭州历史经典产业及其品牌在当下的商业生态和文化生态。调研分成两个部分，第一部分是从消费者视角出发的定量分析，即通过发布调查问卷，采集消费者和潜在消费者的信息，来观察丝绸、茶、中药、文房这四大杭州历史经典产业及其老字号品牌的不同侧面；第二部分基于大卫·艾克的品牌资产“五星”模型和凯文·莱恩·凯勒的“消费者心

---

1 大卫·艾克的这一理论最早发表在《建立强势品牌》（*Building Strong Brands*，1995）书中。他后来在《品牌领导》（*Brand leadership*，1998）中对此进行了修改，但没有实质性的变化。

智五维度”模型，来建立与消费者感知、认知和心智相关的指标，并通过定量和定性分析相结合的方法来最终得出杭州历史经典产业的“品牌生命力”指数。

3）杭州历史经典产业及其品牌的生态危机。这一部分将尝试解读杭州历史经典产业及其品牌在当下和未来的生存状态以及所面临的显性和隐性危机。

4）杭州历史经典产业品牌的振兴战略。这一部分将从品牌的设计、传播和管理角度出发，同时基于创新发展思考，对杭州历史经典产业品牌提出一系列建设性策略。

二、杭州历史经典产业及其品牌溯源

2.1 丝绸产业

丝绸是中华民族创造的文化瑰宝，是东方文明的象征物之一。杭州素有“丝绸之府”之名，也是世界上最早的丝绸产地之一，良渚文化遗址出土的丝织物残片可以证明，早在4700年前这一地区就已经存在有丝绸织造。[1] 从唐代起，杭州的丝织业初步成型。在宋代，由于中原文明大规模南迁，丝绸产业的中心转移到了江南。南宋朝廷在临安专门设立了织造管理机构“织造署”和官营丝绸织造工场“文锦局”与“织染局”，规模化生产丝绸产品。自此，杭州逐渐成为中国丝绸生产和丝绸商贸的中心地带之一。

从南宋起，除了官办织造工场，杭州的民间丝织业也逐渐兴旺起来。从元到明，随着织造技术发展成熟，行业分工也逐渐变细，出现了大批专业化的作坊和工场。作坊主和工场主开始雇佣专职织工和染工，于是，相应的劳务市场也开始形成。

明永乐年间，杭州丝绸业界捐资在运河南岸不远的忠清里建立通圣庙，成立了杭州最早的丝绸行会。清道光年间，通圣庙侧又建成观成堂，作行会办公议事聚会之用。清末民初，观成堂改为绸业会馆。

到了清代，杭州的丝织业生产分工已十分细致，有专业的机坊、络经作坊、牵经铺、挑花铺、捻坊、料房、经绒染坊等。当时民间丝绸生产的组织形式主要有四种：1. 绸庄自营机坊。机坊自有织机和原料，雇工人织造；2. 独立经营机户。机户自有织机和原料，自己织造，有时也会雇佣织工；3. 放料代织。绸庄将织机租给织工，发放原料代为织造；4. 代织工场。一般为小型手工工场或家庭式作坊，专营代工。

1 《杭州历史丛编》记载：“1936年以来，考古学家对杭州北郊良渚等地陆续发掘出的大批黑陶、石器、玉器及麻丝绸品等进行考证，确定是距今四千七百多年以前新石器时代的遗物，史学家称之为‘良渚文化’。”

清代至民国，杭州的丝绸产业已十分发达，尤其在艮山门外一带，作坊和机户最为集中。清代学者厉鹗在《东城杂记》中记载道：“杭东城，机杼之声比户相闻。”而清河坊一带林立的绸庄也印证了当时丝绸产业的繁荣景象。

杭州丝绸产业的发达得益于杭嘉湖平原所产的优质蚕茧，其特点是茧子厚、丝质好、拉力强，加上这里缫丝工艺高超，缫出来的丝粗细均匀，色泽亮白而洁净，胶度适中且稳定。

南宋时期的杭州丝绸就已发展出众多的品类。据南宋文人吴自牧《梦粱录——物产卷》的“丝之品”记载，临安所产的名贵丝织品中，绫有柿蒂、狗蹄，罗有花素、结萝、熟罗、线住，纱有素纱、天净纱、三法暗花纱、粟地纱、茸纱等。之后的数百年间，杭州丝绸产业形成了极为丰富的产品类型，其主要特色品类有：

绸：又称“杭绸”，是杭州丝绸中最重要的一类，在明清时期成为大宗商品，包括线绸、春绸、宫绸、绉绸、绵绸、茧绸等品种。清代杭州贡品中就有线绸和春绸。

缎：杭州丝绸中的名贵品类，是丝绸产品中技术最为复杂，外观最为绚丽，工艺水平最高的品类。其特点平滑光亮，质地柔软，色彩丰富，纹路精细。杭缎的代表品种有织锦缎、古香缎、素软缎、花软缎等。

锦：杭州织锦在清代与南京云锦、苏州宋锦、四川蜀锦齐名，以缎纹紧密、织造精细、花型丰满、色彩艳丽而闻名于世。杭州织锦花色品种非常丰富，其中风景织锦最具地方特色，其代表是都锦生首创的“西湖十景”主题织锦。杭州有许多丝绸厂家生产织锦产品，其中绝大部分出口海外，远销欧美和东南亚地区。

纺：又称“杭纺”，因其纬线较粗，整个织物显得厚重平挺。清代丝绸贡品中有一等纺丝。纺丝又分满花纺丝和素纺丝两类，杭纺为素纺丝。

罗：又称“杭罗”，因织物表面纬线方向会空出一道道横纹，故又称“横罗”或“水纬罗”。杭罗是三经四纬精造而成的平地绞纱织物，表面光洁、均匀细致、紧密结实、挺刮滑爽、纱眼清晰、透气性好，既可做夏服，也可做冬季的丝绵绵袄。今天，杭州仅福兴丝绸厂独家生产杭罗。

纱：是丝绸品类中最为轻薄的一类，是应用绞纱组织，在地纹或花纹的全部或一部分构成有纱孔的丝织物。杭纱自唐代起就开始生产。明代杭州的皓纱，团花疏朵，轻如薄纸，名动一时。

绫：杭州世产吴绫，质地较厚而紧密，色泽鲜艳。

绢：平纹丝织物，织造较为平整致密。除了作为面料，明清时期杭州还产书画绢。此外，还有一种专供酿酒用的榨酒绢。

中华人民共和国成立以后，由于生产力的解放，工人的创造力得到了很大的发挥。杭州的各大丝绸厂家在传统品种的基础上又开发出无数新品种：同一品类有不同的名目，同一名目下，或以组织不同，或因花纹相异，又分成了不同类别，品种之多，数不胜数。据 1963 年的统计，除传统品种外，当时杭州丝绸的新品种有：

绸：东风绸、春明绸、飞利绸、螺丝绸、缤纷绸、美艳绸、西丽绸、凸花绸、洒金绸、高花绸、珠影绸、礼服绸、玉影绸、东坡绸、苏堤绸、香波绸、月影绸、星光绸、印经花罗绸。

缎：天云缎、绒纬缎、金银光缎、金银龙缎、花北京缎、素北京缎、蔷薇缎、和合缎、印度织锦段、柳丝缎、绣霞缎、宝玉缎、红锦缎、丽纹缎、罗锦缎。

锦：牡丹锦、香文锦、潇湘锦、嫦娥锦、梅露锦、新亚锦、蝶锦、万寿锦、轧花锦。

绢：紫来绢、虹霓绢、迎春绢、紫薇绢、吟枫绢、晴空绢、绿叶绢、飞来绢。

纱：玉洁纱、西浣纱、兰地纱、挖花西浣纱、庆云纱、芙蓉纱、幸福纱、柳荫纱、花珍珠纱、素珍珠纱。

呢：福绥呢、红花呢、香罗呢、光华呢、白东呢。

葛：云凤葛、英地葛、品罗葛、秀丽葛、风羽葛、曙光葛。

绉：宾华绉、麦浪绉、及美绉、静绉。

绒：利亚绒、印度塔夫、紫云花塔夫、紫云素塔夫。

绫：王琪绫。

纺：富春纺、星斗纺、麦浪纺。

……

杭州作为我国丝绸产业的重要生产基地之一，其产量和出口量在 20 世纪下半叶达到了相当大的规模，许多产品与国内同行业相比，在质量上有着较大的优势，并形成了一批优秀的品牌和拳头产品，如福华丝绸厂的“鸳鸯”牌真丝、人丝和交织绸，天成绸厂的“采桑”牌电力纺和“保俶塔”牌环丽缎，云裳丝织厂的“龙凤”牌软缎被面和“唐三彩”牌金银织锦，杭州丝绸厂生产的素绉缎、花软缎，红雷丝织厂生产的七彩织锦被面、双绉、杭罗、杭纺，雄伟绸厂生产的斜纹绸、富春纺、素软缎、织锦段，九豫丝织厂生产的人造丝织锦段和金银交织织锦段等。

截止到2006年，杭州丝绸产业已发展成为一个集栽桑养蚕、缫丝、绢纺、丝织、印染、服装及其他制成品生产销售、丝绸机械制造以及辅助性服务等多个环节为一体的纵向一体化产业集群。集群核心部分的具体情况如下：缫丝企业十家，绢纺和丝织加工企业二百六十八家，丝印染精加工企业二十六家，丝针织品及编制品企业十八家，此外还有大量专门生产丝绸工艺品、服装、服饰的厂家。2011年9月，“杭州丝绸”被原国家质检总局批准为“地理标志商标”。[2]

杭州丝绸产业的企业品牌之冠当属都锦生，这一老字号旗下的织锦产品系列被列入我国四大名锦之一，尤其是织锦段、古香缎等行销海内外，为广大消费者所喜爱。

参考文献：刘大培.杭州运河土特产[M].杭州出版社，2013：“下城丝绸”与“杭丝联丝绸”两章节。

2 “地理标志商标”现由国家工商行政管理总局授予。

杭州丝绸产业老字号品牌

都锦生（创建于 1922 年）

“织锦是中国的民间艺术，要保留下去，要后继有人。”这是 1972 年周恩来总理视察都锦生时，对这家杭州丝绸企业所寄予的厚望。

杭州都锦生实业有限公司是我国著名的民族企业家都锦生先生于 1922 年创办。公司历经近百年的发展，现已成为国内最大的丝织工艺品生产和出口企业之一。公司主要生产丝织工艺品和真丝绸段两个品类近千个品种的产品，主要分为织锦、绸缎、服饰产品和家纺产品，其特色产品为装饰织锦。都锦生织锦以雍容华贵、富丽堂皇闻名于世，被誉为神奇的“东方艺术之花”，产品远销欧美二十多个国家和中国港澳台地区，深受海内外宾客的欢迎。适合传统和现代家居及宾馆装饰。

创始人都锦生出生于光绪 24 年（1898 年），世代居住在杭州茅家埠。1914 年，他考入浙江甲种工业学校（浙江大学前身）机织科。毕业后，他被分配在乙种工业学校任纹制工场管理员兼图案画老师，期间还在杭州奎元巷女子职业学校任图画老师。早年的理论学习和教学实践对他后来的创业有着长远的影响。

当时社会上掀起了抵制日货、振兴民族工业的热潮。都锦生努力钻研织锦技术，希望通过实业来救国。经过无数次的试验，他终于在 1921 年织出了我国第一幅风景织锦画《九溪十八涧》。之后他决定辞职办厂，在叔父宋锡九的资助下，1922 年 5 月，都锦生在茅家埠自家宅院创办了都锦生丝织厂。起初，工厂只有一台机器和一位师傅，产品也只是在自家门口出售。由于当时很多去灵隐、三天竺上香的人都是从湖滨坐船到茅家埠，而都锦生的厂店就在船埠旁边，人们一上岸就能看见都锦生的招牌和产品，那些从来没有见过丝织风景画的人会好奇地驻足观赏和购买。于是，都锦生的生意便一天天好了起来。

为了扩大销售，都锦生还在孤山的中山公园租亭设摊。1924 年，他又在花市街开设营业所。1925 年，都锦生到上海开设了以批发为主的营业所，由此打开了产品的销路，为都锦生丝织厂立足国内市场奠定了基础，同时也为步入国际市场做好了准备。到 1926 年时，都锦生已初具规模，成为了一家拥有百名员工和百台机器的工厂。

1926 年，在美国费城万国博览会上，都锦生的产品引起了国际上的关注，其丝织唐伯虎名画《宫妃夜游图》获得了金奖。都锦生风景织锦也因此成为了中华民族工艺的骄傲。

1927 年，都锦生丝织厂从茅家埠迁至艮山门。当时的艮山门是杭州城北的交通枢纽，也是丝绸产业云集的地方。迁址为都锦生带来了更为广阔的发展空间，标志着企业从小规模作坊式生产发展成一家中等规模的丝绸企业。1927 至 1930 年间，是都锦生发展的高峰，无论是生产规模、生产技术、花色品种，还是产品销售，都达到了中华人民共和国成立前的最高峰。

到 1931 年，都锦生的营业所已遍及杭州、上海、北京、南京、重庆、广州、中国香港等全国十三个大城市，以及东南亚地区和美国。

都锦生的织锦产品通常需要经过近六十道手工工序才能完成。难能可贵的是，在坚持传统工艺的基础上，都锦生敢于不断创新，比如采用五彩丝织造就是对白丝织造传统方式的突破。都锦生还不断拓展其产品，从服装面料到日用装饰品，包括织锦旗袍料、内衣布、领带缎、领带织锦、织锦提袋、翻领衫、竹骨绸伞、檀香扇等。在销售方面，都锦生说服了华北地区的许多旅店使用丝织画作装饰品，从而为企业带来了大量订单。

在坚持传统与努力创新的同时，都锦生很重视在外的考察学习。如丝织台毯就是受到了南京云锦台毯的启发而制成的。西湖风景竹骨绸伞是他从日本带回来的灵感。都锦生还爱好摄影，他外出时会拍摄大量名胜古迹。许多丝织风景画就基于他的摄影作品。

都锦生曾到过菲律宾，受到了国王的隆重接待。在马尼拉期间，他受陈嘉庚热心办学培养人才的启发，决定回国之后开办一所企业职工义校。他认识到，只有培养出一流的织造人才，中国的丝绸业才能跻身世界前列。都锦生始终记得，在他的学生时代，日本老师在教室里讲的一番话：“今天，诸位看到丝绸工业在贵国这般落后……贵国只能出低廉普通下品，日本才出优等高档之物。若日本之提携，占领市场，则黄色人种所制白色绢丝之织物，必压倒白色人种所制黄色绢丝之织物。”这段话对于都锦生而言，无异于民族耻辱。

1931 年“九·一八”事变后，都锦生为了抵制日货，停止购买日本产人造丝，改用意大利和法国产人造丝。1937 年 8 月，日军轰炸杭州，都锦生丝织厂被迫停工，12 台手拉机转移到上海法租界，以维持小规模的生产。12 月，日军占领杭州，想请都锦生出来任职，遭到他的严词拒绝：“宁可头落地，也不做汉奸。”日军于是洗劫了茅家埠都锦生住宅，烧毁了丝织厂。都锦生只能到上海租界继续办厂。虽然勉强开工，但因时局动荡，物价飞涨，商品滞销，工厂举步维艰。1941 年“太平洋战争”爆发以后，上海租界也被日军占领，都锦生丝织厂在上海的生产已无法维持，加上重庆、广州等地的营业所先后被日军炸毁，都锦生只能关闭了工厂，解雇了所有工人。

1943 年 5 月，都锦生在上海病逝，年仅 46 岁。在最后的岁月里，他仍然时刻惦记着重建企业。

都锦生去世后，夫人宋剑虹迫于生活负担，想重新开启关闭的工厂，但因子女都还年幼，于是请自己的弟弟宋永基接管了企业。1944 年，战争趋于缓和，宋永基先后在杭州、上海开设了两处营业所，但生意并不理想。1945 年抗战胜利前后，都锦生丝织厂还只能靠借贷勉强维持。

1949 年，杭州解放，都锦生丝织厂迎来了一个全新的发展阶段。当时的厂址设在杭州艮山门火车站旁，有杭州、上海两处营业所，职工四十七人，手拉机三十四台，这就是当时都锦生丝织厂的全部资产。这期间，工厂还曾一度宣告停产，后来在党和政府的支持下，才重现生机。但此后几年，工厂状况时好时坏。

1954 年，都锦生丝织厂成为杭州市第一家公私合营企业。但在 1956 年到 1965 年间，受到了“大跃进”的严重影响。“文化大革命”期间，企业更是遭到了前所未有的破坏。1972 年，根据周总理的指示，企业更名为“杭州织锦厂”。

“文化大革命”结束后，都锦生进行了初步改革，建立了正常的生产秩序，长期受到禁锢的传统丝织工艺品又重新获得了新生。工厂逐渐恢复生产民族风格和民间传说题材的产品，新品种、新花式的设计投产逐年增加。这时的都锦生成为了一家对外开放单位，在发展旅游产品方面有着得天独厚的优越条件。工厂于1980年开始设计和生产旅游产品，如丝织风景画、台毯、靠垫、床罩、窗帘等。随着我国对外开发政策的确立，国际贸易和旅游业不断兴旺，都锦生的丝织工艺品销路也越来越好。

1983年，企业恢复了“杭州都锦生丝织厂”的厂名。由于都锦生的产品工艺精细，又能体现中国和杭州的文化特色，很快成为旅游品市场和礼品市场的首选。党和国家领导人多次把都锦生产品作为国礼赠送外宾。中美乒乓外交就是以庄则栋赠送美国运动员都锦生风景织锦而拉开友好的序幕。美国总统克林顿收到都锦生为其织造的织锦肖像后，亲笔写信表示感谢。1995年，企业自筹百万余元，建立了国内第一家织锦专题博物馆——都锦生织锦博物馆。

2001年，企业改制为杭州都锦生实业有限公司，步入了新的发展阶段。都锦生的产品不断推陈出新，目前形成了以景织锦、装饰织锦、服用织锦为代表的三大系列、一千六百余种花色品种。都锦生的每一道工序都有自己独特的工艺，还不断融入现代化的信息技术，研制出新的工艺，带领产品不断进步。都锦生将丝织装饰工艺品和现代生活进行创新结合，逐渐使其品牌成为杭州高档丝绸的代名词。在杭州丝绸德消费者中，“买高档丝绸到都锦生”已成了一种消费习俗。现在，都锦生已经发展成为我国最大的丝织工艺品生产出口企业，同时也是规模最大的丝织生产基地。都锦生织锦被录入“浙江省非物质文化遗产代表作名录”和“杭州市传统工艺美术企业保护品种和技艺名录”；企业被授予第二批“中华老字号”、首批“浙江老字号”和首批“杭州老字号”企业称号。

参考文献：赵大川．杭州老字号系列丛书—百货篇[M]．杭州：浙江大学出版社，2008: 182-197；戎彦．浙江老字号[M]．杭州：浙江大学出版社，2011: 173-176.

民族企业家都锦生（1898-1943）

都锦生织锦《西湖全景》

福兴杭罗（创建于 1886 年）

杭州福兴丝绸厂是杭州地区仅有的一家采用传统工艺生产杭罗的厂家，是经国务院文化部批准的杭罗织造技艺的唯一授牌保护单位，其注册商标为“福兴杭罗”。该企业的杭罗织造技艺是家族世代相传的工艺，传承至今已有一百三十多年的历史，经中国丝绸博物馆专家认证为传统工艺。

罗是杭州地区的特产，故名“杭罗”。杭罗由纯桑蚕丝以平纹和纱罗组织联合织成，有横罗和直罗两种，具有等距规律的直条形或横条形纱孔，孔眼清晰，制作成服装穿着舒适凉快。在杭罗上的刺绣方法称为戳纱或者挑罗。杭州的杭罗与江苏的云锦、苏缎并称为中国丝绸的“东南三宝”，闻名于世。

杭罗历史悠远，宋代方志中已有记载。在清代成为杭州丝绸中颇为著名的品种之一。当时，在杭州城东艮山门外，集中了许多生产杭罗的作坊。杭罗的织机虽几经变革，但仍然保留着大量的手工技艺。但因工艺复杂，历来传人不多。1949 年以后，我国开始大规模淘汰效率低下的手工织机，织造杭罗的传统织机未能幸免。尤其是在“文化大革命”时期，杭罗织造被认为是一种属于旧时代的、老化的织造方式，政府提倡用现代织机取而代之。1968 年，杭州机神庙被毁，政府宣布只要企业和机户砸掉自家的旧织布机，就能得到一定额度的经济补偿，于是，传统织造方式遭受了灭顶之灾。20 世纪 80 年代末和 90 年代初，受人造纤维的巨大冲击和乡镇企业的围剿，再加上本身体制的束缚和人才与技术的流失，丝绸行业急剧衰退，杭罗产品更是一落千丈。

福兴丝绸厂的前身是邵官兴家的私人作坊，之所以成为今天唯一能生产杭罗的厂家，是因为在“文化大革命”期间，邵官兴家的经济条件还不错，并不在意那点经济补偿。更重要的原因是，邵官兴舍不得把家里那部从小看到大的织布机给砸了。于是，当检查人员来时，他把织布机拆了，偷偷藏了起来。20 世纪世纪 80 年代，随着改革开放，邵官兴把自家的小作坊扩展成福兴丝绸厂，设法搜罗到了仅存的八台木制传统织机，继续生产杭罗这一传统丝绸产品。2005 年，福兴丝绸厂保留下最后三台竹木制纯手工杭罗织机。除了这三台纯手工织机，厂里还有八台半自动织机，每年能够织造四万米左右的杭罗。福兴丝绸厂的产品一般只供应北京“瑞蚨祥”、苏州“乾泰祥”等百年老字号绸缎商家，连杭州本地市场上都难以买到真正的杭罗。

“杭罗织造技艺”于2008年列入了第二批“国家级非物质文化遗产名录”。杭州福兴丝绸厂也被授予第三批“浙江老字号”和第二批“杭州老字号”企业称号。2009年，“杭罗织造技艺”作为“中国蚕桑丝织技艺”中的重要代表性项目，正式加入“人类非物质文化遗产代表作名录”。

福兴杭罗第三代传人邵官兴

福华鸳鸯（创建于 1912 年）

杭州福华丝绸厂的前身为纬成丝呢公司，由朱光焘、陆仲芳、许炳堃等人于 1912 年集资创建。厂址最初设在下城池塘巷废弃的清守备衙门内。开创时仅有法制提花机十二台。1917 年，纬成公司建立丝厂；1918 年，其产品纬成缎获巴拿马国际博览会金奖；1920 年在嘉兴建裕嘉分厂；1924 年在上海建大昌精炼分厂和发行所；1925 年在嘉兴裕嘉分厂内建绢丝厂；至 1927 年，纬成公司共有“四厂一所”，有职工近四千七百人，成为杭州市大型丝绸企业之一。1932 年，受世界经济危机和企业内部管理不善的影响，纬成公司资金无法周转而宣布停业。抗战时期杭州沦陷，纬成公司杭州总厂被强行改组为“华中蚕丝公司”下属纬成丝厂。1945 年抗战胜利后，纬成丝厂出租给沈九如在上海创办的福华丝业股份有限公司，改名为“福华第一丝厂”，至此，纬成公司的历史宣告结束。1947 年，原杭州天章丝厂和天章绸厂并入福华公司，改名为“福华第二丝厂”和“福华第三丝织厂”；1954 年，第一、第二、第三丝织厂三厂合并，转为公私合营，定名为杭州福华丝绸厂；1962 至 1964 年间，先后又有杭江、光明、德隆和美亚等丝织厂并入，企业规模进一步扩大；1966 年，改名为“杭州向阳丝织厂”；1979 年，恢复杭州福华丝绸厂原名；1992 年，福华丝绸厂进入中国最大的五百家纺织工业企业行列。1994 年始，杭州市的丝绸行业进入了建国以来少有的困难时期。1996 年，杭州丝绸控股（集团）公司成立，对杭州市属丝绸企业进行统一安排改制转型。1997 年，福华丝绸厂整体迁往市郊三堡工业区；2000 年，进行股份制改革，改建成“杭州福华丝绸实业有限公司”。

公司现有员工一千余人。公司下属丝绸厂、机械厂、制衣公司、福华宾馆、综合服务部。厂房建筑面积近三万平方米。有织机一百十七台，包括从意大利引进的织机四十八台和一整套辅助生产设备，还有从日本引进的领带绸织机十三台，以及平缝机一百一十台，年产真丝绸二百五十万米。福华丝绸厂的注册商标为“福华鸳鸯”，其丝绸产品以纺、绉、缎为主，质量上乘，远销欧美、日本、东南亚等国家和地区，尤其是和服纺系列、弹力系列和领带绸真丝面料深受国内外客商的欢迎。杭州福华丝绸厂被授予第二批“浙江老字号”和首批“杭州老字号”企业称号。

喜得宝（创建于 1949 年）

杭州喜得宝集团有限公司是一家拥有七十年历史的丝绸产业集团。企业创建于中华人民共和国成立那年，最初为由清道光十年（1830 年）创办的“老九和”染坊、1919 年成立的“义大”染坊，以及“泰丰”“德盛”等三十四家丝绸练染作坊联合组建而成的“杭州市丝绸炼染工业联合工场”。1953 年，企业就通过自主实验提高了四十二种染色绸缎色牢度技术，开始生产真丝染色绸缎，结束了过去浙江省只能生产出口炼白绸的历史。1957 年，该企业更名为“杭州丝绸印染厂”。20 世纪世纪 60 年代，工厂通过引进设备并结合自主研发，结束了过去丝绸行业“一缸二棒”的生产历史，实现炼、染、印以及后道整理的全面发展，从传统炼染作坊发展成一家丝绸行业的大中型国有企业。20 世纪 80 年代开始，工厂以生产出口小额染色绸、印花绸为重点，成为国家丝绸外贸的重点生产基地之一。同时，又增加了丝绸服装和旅游工艺品的产品线，开始从生产加工型企业向生产消费品企业转型。

“喜得宝”品牌的诞生与社会大环境的变化及企业自身的改革密不可分。改革开放后，杭州丝绸印染厂获得了对外贸易经营自主权。然而，过去以工厂性质取名的方式导致类似企业名称很多，不利于企业对外贸易的开展。1987 年的一场大型国际时装服饰看样订货会，极大地激发了企业的品牌意识。企业管理层认识到，必须树立起一个既能体现民族产业特征，又能代表企业自身价值的品牌。于是，借体制改革之际，企业内部展开了一场品牌标识的征集活动。设计部门二十多位员工结合企业精神，挖掘丝绸文化，最终确定将厂名的英文首字母“HSDP”作为其品牌名称，同时提炼出了一个带有浓郁传统文化色彩，又能朗朗上口和被人熟记的中文品名“喜得宝”。1989 年，“喜得宝”商标注册成功。自此，企业开发生产的丝绸产品有了自己的品牌。

1988 年，企业组建了浙江省内第一支时装表演队——“喜得宝时装表演团”，一时间轰动杭城，极大地提高了喜得宝品牌的知名度，同时在经济、文化和对外交流中展现了杭州丝绸的魅力。20 世纪 90 年代，企业连续保持了自营出口创汇全市第一的佳绩，其产品行销全球六十多个国家和地区，确立了丝绸行业龙头企业的地位，并获得了“浙江省著名商标”

的荣誉。这一时期与法国品牌“马克西姆”的合作，更是让喜得宝享誉国内外。

1992 年，喜得宝与中国香港富春公司合资，成立了中外合资杭州喜得宝丝绸有限公司。1997 年，公司与杭州丝绸炼染厂合并组建成杭州喜得宝集团公司。随着企业的转型，公司开始加大自主品牌的产品研发力度，增强具有自主知识产权的产品，完成了国家级、省级、市级科技攻关百余项，实现了印染技术的多方面革新。期间喜得宝被国家环境保护局授予绿色环保产品标志，这是国内丝绸行业第一家获此殊荣的生产企业。公司开发的真丝精密印花、四分色印花、真丝碧纹压花、浮雕印花、真丝防缩抗皱面料，真丝绸渐进色染色等新技术、新工艺、新产品，多次获得国家金质奖、银质奖，省部级优质奖和国际金奖。喜得宝的真丝印染绸和丝绸服装被认定为“浙江省名牌产品”。

进入新世纪，公司稳步推进各项改革措施。2001 年，公司转制成为杭州喜得宝集团有限公司。公司的技术中心被认定为省、市级企业技术中心，公司还被获准首批使用“高档丝绸”标志。2007 年，喜得宝获得了“中国驰名商标”的荣誉。同年为配合杭州市工业布局调整，以建设“中国高档丝绸生产基地”为目标，公司投资两亿元，在余杭经济开发区组建浙江喜得宝丝绸科技有限公司，并于 2008 年完成了生产基地的整体搬迁。

今天，喜得宝已成为一家集精炼、染色、印花、后整理加工和高品质真丝绸面料、真丝家居服装系列、丝巾服饰系列、真丝家纺系列及丝绸工艺品设计、制作、营销为一体的丝绸产业集团，拥有年生产印染绸六千万米，炼染丝一千吨，制作各式服装、家纺等三百万件套的能力。

百年的历史传承，六十余年的精湛工艺，使喜得宝发展成为杭州丝绸产业首屈一指的代表性企业，被授予第二批“浙江老字号”和第二批“杭州老字号”企业称号。公司以“做最好的丝绸产品”为品牌理念，致力于丝绸产业的发展，同时坚持“品质、内涵、时尚、环保”的产品态度和传导喜得宝“追求卓越、奉献美好”的品牌核心价值。如今，公司以丝绸印染为依托，向产业上下游不断延伸，创新产品、创新技术、拓展渠道，通过不断打造丝绸产业链，为社会提供有价值的专业化服务，努力打造具有民族特色和国际影响力的自主品牌。

参考文献：喜得宝官网 http://www.hsdp.cn

余杭清水丝绵

余杭生产丝绵历史悠久。从宋代起，浙江上调的丝棉就占全国上调的三分之一以上，据记载，“钱塘、仁和、余杭……以同宫茧于出蛾蚕非缫丝者为绵，今余杭所出为佳”。

余杭出产的优质丝棉之所以被称为“清水丝绵”，是因为净水漂清这一工艺。对此，古人总结出了“清、纯、淡”的制丝绵用水标准。余杭位于苕溪两岸，天目万山之水倾斜于苕溪，日夜流动，温而不寒。这种含杂质较少的淡水，对制丝绵很有利。《嘉庆余杭县志》就有记载，余杭狮子池“以其水缫丝最白，且质重云”。丝绵制作需经六道工序：即选茧、煮茧、苕溪漂洗、剥茧做“小兜”、扯绵撑“大兜”、晒干。制绵过程是一个去除蚕丝外层丝胶的过程，丝胶除去愈净，丝绵质量愈好。余杭妇女在世代相传的制作过程中积累了丰富的经验，创造了精巧而奇特的工艺，余杭清水以丝绵光亮洁白、厚薄均匀、手感柔滑、无绵块、无绵筋、无杂质、弹性好、拉力强而闻名于世。

南宋建都临安时，将余杭丝绵列入贡品，元明两代同样。据《杭州府志》载：“杭州（余杭郡）岁贡绵。”清康熙年间，余杭丝绵远销日本。民国期间，余杭镇上有丝绵行四家，杭州“高义泰”“九纶”“天纶”“美纶”等知名绸布庄都在余杭镇进货，其中以“老恒昌”清水丝绵最为有名。1929 年，苏晋卿制作的优质余杭清水丝绵在西湖博览会上获得特等奖。抗战时期，由于日军破坏，余杭的丝绸业受到严重打击，余杭丝绵产量锐减。中华人民共和国成立后，余杭蚕桑业逐渐恢复，当时余杭清水丝绵主要由私商和供销社经营。1965 年，五十七名女工组织起来在余杭镇孙家弄濒苕溪处办起了一家丝绵加工场，生产清水丝绵。她们以娴熟的技巧、精良的工艺生产出优质丝绵而畅销各地。如今这个加工场已发展为余杭丝绸厂，除缫丝织绸外，仍生产传统的清水丝绵，并严格遵循手工操作工艺流程。今天，余杭丝绸厂生产的牡丹牌清水丝绵，仍保持着传统名产的特色。

余杭清水丝绵生产技艺主要是通过母女相传的方式代代相传。20 世纪 80 年代以前，当地几乎家家户户都能制作丝绵。随着经济的发展，丝绵生产日渐稀少，被现代免翻技术所取代。清水丝绵只有小范围内生产，供自家使用，其传统技艺难以为继。

余杭清水丝绵制作技艺于2008年被列入第二批“国家级非物质文化遗产名录”。2009年，作为“中国蚕桑丝织传统技艺”的子项目，被联合国科教文组织列入“人类非物质文化遗产代表作名录”。

参考文献：刘大培．杭州运河土特产[M]．杭州：杭州出版社，2013：“清水丝绵”章节．

余杭清水丝绵制作过程

杭丝联（1958－2000年）

坐落在大运河拱墅段的杭州丝绸印染联合厂（简称杭丝联），包括杭州丝织总厂、杭州红雷丝织厂、杭州幸福丝织厂、杭州震旦丝织厂、杭州新华丝厂等企业。杭丝联是中华人民共和国成立后第一个五年计划时期的国家重点建设项目，由周恩来总理亲自批准建造。杭丝联于1956年开始筹建，1958年正式建厂，被命名为“地方国营杭州丝绸印染联合厂”。工厂一期建成投产后，就已拥有二十六台进口的多摹型自动缫丝机，是国内最先进的生产设备，可年产白厂丝三百吨。随着二期、三期建设完成，工厂业绩激增。到1965年，杭丝联已成为当时我国最大的丝绸印染企业，其工人总数超过万人。“文化大革命”期间，杭丝联不可避免地卷入到了历史的洪流中，生产无法正常进行，常处于停工和半停工状态。“文化大革命”结束后，企业重新步入正常的发展轨道。1978年，杭丝联被国家列为重点支持的大型骨干技术改造单位，同时被列为浙江省大中型企业全面整顿和“利改税”改革试点企业。1984年1月，杭丝联成为《现代中国一百项建设》中唯一的一家丝绸工业企业。1991年6月，浙江省划分企业类型小组、国家统计局工交统司等单位公布杭丝联厂为省大型企业，中国500家最大企业和行业50家最大经营企业。然而，在20世纪90年代计划经济向市场经济转型时期，原来的国有企业体制无法适应市场激烈的竞争环境，加上过重的负担，流动资金短缺，生产成本难以消化，杭丝联于2000年宣告破产。

当年的杭丝联，能够生产世界上几乎所有的丝绸品种，包括绫、罗、绸、缎、锦、纺、绒、绉等，品种齐全、品质优异、花色繁多。企业还非常注重产品的更新换代，每年都有上百款新的花色品种投产上市，大量产品出口国外。以织锦缎、古香缎、丝绸被面为代表的丝绸品牌形成了杭丝联旗下的传统名牌产品。

参考文献：刘大培．杭州运河土特产 [M]. 杭州：杭州出版社，2013：“杭丝联丝绸”章节．

福茂和记（创建于1931年）

“福茂和记”是由徽商于1931年在杭州创立的一家茶庄，其发展的鼎盛时期在杭州、金华两地开设有茶号六间、茶栈七处，在当时杭州的茶叶界有一定的影响。今天，“福茂和记”品牌归浙江临安九诚茶业有限公司所有。公司目前正在通过树立新的经营理念，让这一老字号焕发出新的生机。

浙江临安九诚茶业有限公司成立于2002年，是一家集生产、精加工、内外销为一体的工贸结合企业。公司的产品主要有各类袋泡茶、龙井茶、乌龙茶、普洱茶、蒸青茶、玄米茶、焙茶、红茶、白茶、花草茶、水果茶、茗优茶，以及各级外贸出口等级茶。公司下属的临安茶叶精制加工工厂位于临安青山湖畔，依山傍水，自然环境良好。该厂以袋泡茶生产、茶叶拼配、茶叶精制加工为主，是目前国内设备最完善的茶叶精加工工厂之一，拥有现代化的茶叶精制加工流水线，以及三角袋包装机，自动袋泡茶内外袋包装机，颗粒填充包装机等袋泡茶机器设备，年生产能力超过四千吨。公司的出口茶叶品类主要有绿茶和乌龙茶，产品远销日本、西欧、俄罗斯、美国、南美、东南亚及非洲等地。

浙江临安九诚茶业有限公司是杭州市农业龙头企业，除了拥有近九十年历史的老字号“福茂和记”，还有杭州市茶叶名牌“九诚牌”。公司在杭州江南茶叶市场开设有“九诚茶叶”门店，还成立了临安市玉皇坪茶叶合作社。

浙江临安九诚茶业有限公司被授予第二批“浙江老字号”和第二批“杭州老字号”企业称号。

万沐峰（创建于 1886 年）

杭州万峰茶业有限公司座落在杭州西湖灵山风景区域内的双灵“江南生态茶村”。境内有市区最高峰如意尖和板壁山水库，青山环抱，林木葱郁，溪水清澈，生态环境一流。公司下属的杭州灵山茶叶专业合作社有生态茶园基地千余亩，是西湖龙井茶基地保护区和九曲红梅茶的原产地域。

公司拥有“九曲红梅”“双灵”“万沐峰”等多个品牌，其中“万沐峰”商标被浙江省商务厅认定为“浙江老字号”。主要产品主要有西湖龙井茶和九曲红梅茶。

九曲红梅茶是杭州茶产业中独树一帜的红茶品种，拥有独特的品质，紧细如钩、色泽乌润、香如红梅、滋味鲜醇、叶底红亮，被茶界誉为浙江众多名茶中的“万绿丛中一点红”。九曲红梅茶以红梅为名，是因为其具有独特的梅花香味，茶韵悠绵，品格高雅。九曲红梅茶早在清代就已闻名于世。今天，这种特种工艺茶的传承人就是万峰茶业的楼红盛。从创造到传承，楼家人和九曲红梅茶的命运紧紧联结在一起。在社会、经济与文化的变迁中，楼家每一代人，都在努力保护和传承着九曲红梅茶，开辟茶园，完善种植和制茶技术。楼家人对九曲红梅的坚守与传承，是杭州九曲红梅茶乡的茶农与茶人精神的缩影，代表了这一方好山好水茶人的创新品质和实干精神。

杭州万峰茶业有限公司以科技引导茶业，服务创造市场的经营理念，充分利用环境、品种、工艺、贮藏特点，发挥西湖龙井茶和九曲红梅茶的原产地优势，同时发掘两茶的文化内涵，建立一套独特的生态茶发展模式及合作社生产、公司营销的产销新格局，为其向更具规模型、更佳质量型、更好效益型的企业发展奠定了良好的基础。

公司为更好地扩大品牌影响力，十分注意产品品质，对原料采集、加工制作、包装运贮过程中的每一个细节，实行从茶园到茶杯的全程质量监控体系，保证每一片茶叶的高品质。公司在浙江、上海、江苏等地有多家西湖龙井、九曲红梅的茶叶销售店。

2.3 中药产业

中医药是中华文明的文化瑰宝之一，是经长期实践和总结出来的治疗疾病的经验和技术。中医药不仅为中华民族的繁衍生息做出了巨大的贡献，也对世界医学产生了深远的影响。杭州依托浙江省丰富的药材资源，成为华东地区中药产业的中心之一。杭州的中药产业依托“浙八味”，包括白术、白芍、浙贝母、杭白菊、元胡、玄参、笕麦冬、温郁金八味本地中药材而闻名于世。

杭州中药产业有着悠久的历史，在五代吴越国和北宋时期已崭露头角。南宋定都临安后，杭州人口急剧增长。据《成淳临安志》记载，南宋咸淳年间（1265－1274 年），杭州的人口已达到 124 万，极大地刺激了本地的经济，并为杭州中医药业带来了空前的发展机遇。随着时局的稳定，北宋旧制开始在杭州逐一恢复。

宋代中药行业系统主要由皇家药院、官办药局和民间药铺三块组成。皇家药院称为“御药院”，主要负责皇宫大内的制药和配药任务，专门为皇帝和后宫嫔妃等服务，有着全国最好的药材和制药设备。官办药局称为“熟药所”，归太医局所属，专门按太医局的配方制成丸散等出售。随着“熟药所”规模的扩大，分成了“修合药所”和“买药所”，前者制药，后者卖药。北宋末年，徽宗把“修合药所”改名为“和剂局”，“买药所”改名为“惠民局”。官办药局制药售药，由太府寺官员监督，原料采购由户部“收买药材所”负责。官办药局除日常卖药，向各地方批发、调剂药品外，还会在病疫流行时，向民间免费提供药品。南宋时期，“和剂局”和“惠民局”的建制和北宋基本一致。据《宋史 · 高宗纪》记载，宋高宗曾诏令在各地方设置“惠民局”，并向全国颁发《太平惠民和剂局方》。这是我国历史上第一部由国家政府向全国颁发的药方典，收录药方近八百份。这些药方都是各地方献上来的，经太医局“熟药所”验证后向全国颁发，并作为成药制剂的规范。所有“惠民局”出售的药品上都印有“和剂药局”

的标识。如有出售或撰合假药，伪造标识，以民间药货替代官药货卖者，将依法受到惩治。南宋的官办药局虽然数量不多，但规模较大，管理严格，因此，对当时社会所产生的作用和影响巨大。

南宋时期，杭州民间的中药行业已经十分发达，药铺遍布杭城大街小巷，以纵贯京城的御街（中山路）最为集中。当时的药铺既看病又售药，并已出现较为细致的分工，比如已有妇产科、骨科、口齿咽喉科、儿科等专门药铺。据吴自牧《梦粱录 · 铺席》记载，南宋淳祐年间，杭州著名药铺不下数十家，如猫儿桥潘节干熟药铺、五间楼前张家生药铺、狮子巷口观复丹室、保佑坊前讷庵丹砂熟药铺、中瓦子前陈直翁药铺和梁道实药铺、金子巷口杨将领药铺、官巷前仁爱堂熟药铺、修义坊三不欺药铺、官巷北金药臼楼太丞药铺、漆器墙下李官人双行解毒丸、外沙皮巷口双葫芦眼药铺、大佛寺疳药铺和保和大师乌梅药铺、三桥街毛家生药铺、石榴园张省千金马杓小儿药铺、沿桥下郭医产药铺等。此外还专门设有炭桥药市、川广生药市等，药摊、药贩、药膳供应点更是比比皆是。

南宋时期，杭州中药行业发展到了鼎盛的局面，对此后的发展产生了深远的影响。

蒙古灭南宋后，杭州户口疏散，经济衰落，官办和民间药铺逐渐冷落，中药行业一蹶不振。这一时期，有杭州金玉总管府大使夏应祥开设寿安堂，到外地采办药材，并按古方制成丸散出售，同时也施舍给贫困的患者。夏应祥采购制药不计成本，从不作假， 而且寿安堂的药剂疗效很好，为世人所称道。

明代，政府劝农耕耘，鼓励生产，杭州经济、文化又渐复苏，中药行业也得到了一定程度的恢复。这一时期，医和药的分工更为明显，医师专事诊病处方，药物则由商人、贵族或豪绅所掌握。相传，明嘉靖三年（1524 年），朝廷有一许姓御医卸任后，在杭州新宫桥附近开设许广和国药号，延续三百余年，直至晚清才逐渐衰败。许广和出品的丸散膏丹，大多是宫廷秘方，分内科、妇科、儿科、喉科、眼科、外科，有补虚损、调理气血、化痰消滞、六气类和膏药、花露等本堂成药三百八十余种。少数秘方后由叶种德堂等传抄配制。明万历年间（1573 – 1619 年），有余姚医师朱养心来到杭州，专门从事外科，成名之后，在大井巷口开设朱养心药室，制售眼药与膏药，世代相传，闻名于世。

清代，杭州中药行业再度繁荣，生产经营更趋完善。在清河坊、望仙桥一带的闹市区，出现了很多后来的名店。顺治六年（1649 年），方回春堂国药号创建，主营丸散饮片，兼营拆兑批发。嘉庆十年（1805 年），张同泰国药号创建，生产各种丸散膏丹，有各种成药十二门三百五十八种。嘉庆十三年（1808），宁波人叶谱山在望仙桥直街创建叶种德堂国药号，前店后场，设备完善，遂成为杭城各大药店之首。叶谱山原在刑部任职，精通医术，离职后在杭挂牌行医，有贫病求治，慷慨施助，深得民心。叶种德堂广选道地药材，按照历代宫廷和家传验方，精心配制各种成药约四百余种。此外，还有存仁堂开设于嘉庆二十年（1818 年），天禄堂开设于道光二十九年（1849 年），汤养元开设于同治八年（1869 年）等，各具特色。《杭俗遗风》有记载："清道光、咸丰年间，杭城药店，生意极盛者，数种德堂、许广和、碧苏斋。"

清同治年间战乱频发，瘟疫四起，民不聊生。徽州商人胡雪岩邀请良医处方，配制胡氏辟瘟丹、诸葛行军散、红灵丹等痧药，在清军和民间舍施，远近闻名。同治十三年（1874）胡雪岩在大井巷购地十余亩，聘请松江余天成药号经理余修初筹建大药号。胡庆余堂国药号于光绪四年（1878）正式开业。店内经营管理机构完善，进货、制造、储藏、营业各施其职，自制成药四百七十余种，选料精良、加工考究。《杭俗遗风》在民国初年称杭州药店"就其最著称者有胡庆余堂。种德堂之药材、承志堂之药酒，皆誉称一时矣"。今天，杭州胡庆余堂与北京同仁堂被并称为南北两大国药号。

清末，随着西方列强的入侵和洋务运动的兴起，西医和西药逐渐进入中国，形成了中西医药并存的局面。而此时杭州的中药行业更趋向细分，分成了国药号、药材行和参茸号三个类型。到中华人民共和国成立，这些药店、药材行和参茸店开始转型。1956 年，国家对此进行了国有化改造，"广大""五丰""大丰和""恒丰和""恒大庆""协丰""三慎永""方回春"和个体药商鲍周文等九家中药材商行由省供销社中药材经营管理处杭州采购批发站全部接收。全市八十九家私营零售药店和九家私营参茸店实行公私合营，由杭州市中药公司统一管理。1956 年至改革开放，杭州所有的中药店、中药厂基本都已成了国有和集体企业。"文化大革命"的期间，所有的老字号药店、药厂全部更名，如"张同泰国药号"更名为"春光药店”，“胡庆余堂”改为“杭州中药厂”，“朱养心”改为“光明药室”等，直到改革开放后，才陆续恢复原名。但由于长时间受到破坏，原有的传统格局已不复存在。近年来，为恢复中药传统，从政府到各中药老字号企业都作出了巨大的努力。今天，民国时期闻名于杭城的“六大家”（胡庆余堂、叶种德堂、方回春堂、张同泰、万承志堂、泰山堂）已基本恢复，有些保留下明清时期的古建筑群的老字号，现已成为杭州市的代表性旅游景点，其中以胡庆余堂为最。

杭州历史经典产业的所有品牌中，以中药老字号为数最多，远超其他产业。除了本章节将要介绍的胡庆余堂、方回春堂、张同泰、朱养心、李宝赢堂、万承志、许广和、叶种德堂等八家“中华老字号”外，还有保和堂、同庆和堂、汤养元、存仁堂、广兴堂、乾圣元堂、天禄堂、乾宁斋、泰山堂、寿安堂、孙泰和、太和堂、俞同春、三慎泰、傅同春、凝和堂、天生堂、桐君堂、周延庆堂、徐永庆堂、王济德堂、王振和、严济堂、东仁堂、长根堂、味草堂、广升誉等一大批“浙江老字号”和“杭州老字号”。

参考文献：路峰，陈婉丽，徐敏. 杭州老字号系列丛书—医药篇 [M]. 杭州：浙江大学出版社，2008.

杭州中药产业老字号品牌

胡庆余堂（创建于 1874 年）

胡庆余堂国药号创建于清同治十三年(1874 年),店名取自《周易》:“积善之家，必有余庆；积不善之家，必有余殃。”胡庆余堂是国内现存最完好的国药号，拥有最完整的清代徽派商业建筑群落，其独特的仙鹤状建筑造型寄托着药号基业长存的意愿。胡庆余堂朝向河坊街一侧有一面长六十米、高十二米的白墙，上有章其炎书“胡庆余堂国药号”七个特大黑色楷体字，庄重典雅，气势雄浑。

胡庆余堂的创始人胡雪岩（1823-1885 年），安徽绩溪人，幼时家境贫寒，经亲戚推荐，在杭州一家钱庄当学徒。因他早年资助过浙江粮台总办王有龄，王有龄感恩在心，就帮助胡雪岩创办了“阜康钱庄”。胡雪岩由此开始起家，通过经营丝绸、茶叶等生意，很快跻身于江浙大贾之列。在左宗棠征讨西北时，他以雄厚的经济实力成为左宗棠大军的“总后勤”。胡雪岩因调度有方，保证了各类军需物质的及时供应，经左宗棠保举，被皇帝赏赐一品顶戴和黄袍马褂，成为显赫一时的“红顶商人”。

胡雪岩创办胡庆余堂，是他为左宗棠筹集军饷采办武器之后，深感违背信奉佛教的母亲教诲，于是萌生了开一家药号普济众生的愿望。开办胡庆余堂之时，他想起为母亲建造的佛堂中的对联“积善之家，必有余庆”，就想要把店名取为“余庆堂”，但母亲告知他这是南宋奸臣秦桧的堂名，万万不可用，于是改为“庆余堂”。

胡庆余堂创立之初就处处昭示自身的承诺。至今仍保留在药堂中的匾额中：“是乃仁术”是胡雪岩开店的宗旨；“真不二价”既是对顾客的承诺，也是对自己的监督；胡庆余堂的牌、联都面向顾客，只有一块例外，那就是“戒欺”，它面向店内，时刻提醒着每一位员工诚实守信。

“凡百贸易，均着不得欺字，药业关乎性命，尤为万不可欺。余存心济世，誓不以劣品弋取厚利，唯愿诸君心余之心，采办务真，修治务精。”这是创始人胡雪岩制定的店规，也是胡雪岩存世惟一的墨迹，成为一代又一代胡庆余堂员工的行为准则。正是由于胡庆余堂坚持这样的经营宗旨，使它迅速发展成了一家全国范围内的顶级药号。1880 年，胡庆余堂的资本达到了二百八十万两银子，达到了和同仁堂比肩的高度，从此就有了“北有同仁堂，南有庆余堂”，以及“江南药王，胡庆余堂”的美誉。

中国的中药号不计其数，但被公认最有名的只有“两家半”——北京同仁堂、杭州胡庆余堂各算一家，广东的陈李济算半家。而同仁堂与陈李济的古建筑已全部被拆，只有胡庆余堂保留了下来。这使得胡庆余堂在今天更能凸显传统底蕴的重要资本，也使其成为传统商业文化最好的传承与见证。

胡庆余堂继承了南宋皇家药典《太平惠民和剂局方》，并广泛收集了各种有效的古药方，精心制作丸散膏丹胶露油酒等中药成品多达四百多种．胡庆余堂还自己编撰了一部《胡庆余堂雪记丸散全集》，很多秘方直到今天仍然造福着百姓。

自胡庆余堂创立以来，便十分注重打造“名店、名医、名药”，已具备了现代品牌意识。药号从一开始便设有坐堂名医，通常每周坐堂的医生超过九十位。除了“文化大革命”期间有所中断外，许多著名中医医师都在这里悬壶济世。今天，这些名医的后代仍然在这里继续工作。近几年，由于中医药的复兴，前来胡庆余堂国药号就诊的病人越来越多，原来的门诊已经不能满足需求，于是胡庆余堂重新整修了名医馆，整修一新的名医馆被认为是杭州目前条件最好的中医诊所。

胡庆余堂还在其古建筑群内开辟空间建立了我国唯一的国家级中药专业博物馆，供求医者和游客参观。博物馆由陈列展厅、中药手工作坊厅、养生保健门诊、营业厅、药膳厅等五个部分组成，总建筑面积有四千多平方米。从陈列展厅的介绍、实物、标本和图片中，我们可以了解中国传统医药学的发展历史，了解华佗、扁鹊、李时珍等历代名人的轶闻趣事，在观赏胡庆余堂现存的各种珍贵制药文物的同时，还能一睹胡庆余堂自身的中药文化。在手工作坊厅中，有经验丰富的老药工现场展示中药材如切片、碾磨等操作，参观者也可以亲自体验古代制药工艺。馆内的中医传统养生保健门诊里，有中医药名家提供各类医药保健咨询。中药博物馆的营业厅是供参观者选购药材的场所，全国各地的地道中药材、胡庆余堂自制的各种优质中成药以及其他中药厂生产的著名产品，都可以在这里找到。

为了进一步推进胡庆余堂中药文化的发展，把保健养生的理念传递到普通老百姓的日常生活中，胡庆余堂还在西子湖畔开设了胡庆余堂药膳，使胡庆余堂成为老百姓生活中的保健专家。胡庆余堂国药号由此开启了“名店、名医、名药、名膳”相结合的发展道路。

胡庆余堂产品类别主要集中在以下几个方面：参茸名品、优质饮片、中西成药、滋补膏方、保健药茶、药膳特色菜等，这其中有胡庆余堂的传统类别，也有随着时代发展而开发的新类别。

胡庆余堂在其悠久的历史中积淀了独特的企业和品牌文化。它在发展过程中所倡导的做强并不等同于做大规模，而是做大品牌内涵和提高文化的张力。今天，胡庆余堂逐渐完成了从药材种植、饮片加工、成药生产、商业零售、医疗门诊、科研开发到旅游服务等为一体的中药产业链，以中药文化为依托，加之现代产业的开拓，让老字号日益焕发出蓬勃的生命力。

1988 年，胡庆余堂的建筑群落被国务院列为全国重点文物保护单位。2006 年，“胡庆余堂中药文化”被国务院公布为国家非物质文化遗产。由此，胡庆余堂在有形建筑（物质）和无形文化（非物质）两方面都成为了“国宝”，这在全国医药业界都绝无仅有。

2006 年，胡庆余堂被商务部授予首批“中华老字号”称号，同年，被评为浙江省十大标志性品牌之一。2007 年，胡庆余堂荣膺“中华老字号品牌百强榜”第四十位。2009 年，胡庆余堂被评为杭州十大“金牌老字号”之一。同年，胡庆余堂国药号有限公司（胡庆余堂中药文化）被授予“浙江省非物质文化遗产中华老字号保护传承基地”的称号。

参考文献：胡庆余堂官网 www.hqyt.com；路峰，陈婉丽，徐敏．杭州老字号系列丛书—医药篇 [M]. 杭州：浙江大学出版社，2008: 120-159；戎彦．浙江老字号 [M]. 杭州：浙江大学出版社，2011: 4-12.

胡庆余堂国药号（大井巷95号）

方回春堂（创建于 1649 年）

方回春堂国药号创建于清顺治六年（1649 年），迄今已经有三百五十多年的历史，据传为钱塘名医方清怡所创。方清怡，字再春，出身于中医药世家，以家传秘方研制丸药，治好了很多人的顽固病症。他曾潜心研究明万历年间杭州名医吴元溟的《痘科切要》和《儿科方要》，从中获益良多。方回春堂自创立之初，就严格遵从古方，选料讲究，精心煎制虎鹿龟驴等各种补胶依法炮制丸散膏丹。其家传的小儿回春丸救助了无数儿童。

方清怡以“回春堂”为店名，寄托着“妙手回春”的美好喻意。方回春堂名声树立后，经常有药材卖到缺货，前来购买的人只得空手而归，或者去别家购买。当时负责进货的某王姓的药师就托熟人运来了一批质量不好的药材，经稍微加工就摆上了柜台。很快就有人反映他们购买的药材的质量和疗效不好，有的甚至吃了后感觉很不舒服。方清怡亲自调查了此事件，开除了王药师，还亲自上门向顾客道歉，并赠送给他们一批好的药材。从此，方回春堂就立下了延续至今的祖训“许可赚钱，不许卖假”。

方回春堂以名医良方和真材实料表达出对生命的敬重。逐渐，良好的口碑让药号越来越兴旺。晚清时期，方回春堂与胡庆余堂、叶种德堂、万承志堂、张同泰、泰山堂合称为杭城六大家。

民国时期，方回春堂逐渐开始走下坡路，至杭州解放前夕，已濒临倒闭。1956 年，在公私合营改制浪潮中，方回春堂并入杭州医药站，暂时退出了历史舞台。2000 年，借清河坊改造与保护工程的启动，方回春堂在原址重新开业。重新开业后的方回春堂虽然有百年老店的底蕴，却没有自己的医生，也没有管理中医诊所的经验，一切需要从头开始。于是，方回春堂多方聘请名医，这一过程前后达三年时间，不少名医都是被方回春堂的真诚所打动才加入的。

方回春堂注重对药材的选购，道地、纯正是其唯一标准。这一点，从他们的参号就可略见一二了。70 岁的杨其康是方回春堂特意从湖州请来的老中药师。他从 13 岁起就在中药馆参茸柜台做学徒，和参茸打了几十年的交道。杨其康专门负责方回春堂参茸进货，每一支参都经过他的手，即使有质量保证书，他也要再次检查，有伤疤和锈疤都不行。

方回春堂也很注重对中医药的研究和创新。据著名中医学家史奎均回忆，方回春堂有位名叫杨树堂的药师，设立了一个研究所，专门进行中西医结合治疗的研究。经过无数次实践，攻克了使丸药在浸泡过程中不减低药性、更好地提炼出有效成分的难关。

方回春堂的建筑面积约 2500m²，保留了典型的明清江南传统建筑特色。今天，方回春堂已经成为浙江省坐堂名老中医最多、中医门诊量最大的国药号之一，并建起了浙江省最具规模、现代化水平最高的煎药车间，还拥有国内惟一只销售真正野山参精品的一流参号。2006 年，方回春堂被商务部授予首批“中华老字号”；还被杭州市政府命名为“杭城十大金牌老字号”。方回春堂也是杭州市唯一的中药“特色药店”，其中药膏方制作工艺，入选“第二届浙江省非物质文化遗产”。

参考文献：方回春堂官网 www.fhct.com.cn；路峰，陈婉丽，徐敏 . 杭州老字号系列丛书—医药篇 [M]. 杭州：浙江大学出版社，2008：42-75；戎彦 . 浙江老字号 [M]. 杭州：浙江大学出版社，2011:16-20.

方回春堂国药号（河坊街 117 号）

朱养心（创建于 1573 年）

朱养心创立于明朝万历年间（1573 年），至今已有四百多年的历史，是杭州历史最悠久的中药老字号，其店址仍保留在大井巷 13 号朱养心老宅。朱养心创造了我国传统中医药文化生命力的奇迹，它在历史上成功研制出一系列特效验方，其药方手抄本保存至今。

药号创始人朱养心，名志七，浙江余姚人，后迁到杭州。万历年间，他在杭州吴山脚下大井巷东侧开设药局，自制丸散膏丹，尤其以红膏药闻名天下，达到了“手到疾愈”的水平。他乐善好施，经常赈济贫民。清乾隆四十九年（1784 年）的《杭州府志 · 方技》记载：“明朝朱养心，余姚人，徒于杭，幼入山，得方书，专门外科，手到疾愈，迄今子孙皆世其业。”

朱养心的传奇色彩与创始人的神秘经历分不开。朱养心少年时，在一家药店里当学徒。一天，主人派他到深山采集药材，谁知他一去无踪。人们都以为他遭遇了不测，没想到十年后，他竟奇迹般地出现，并开始云游行医。他的医术非常高明，能治各种疑难杂症，而且用药非常独特，经常一片膏药一贴便起效。之后，他便在杭州开设了药局。

朱养心药号的全盛时期在清末。许多曾受惠于朱养心的患者集资在大井巷为朱养心建造了一幢大宅，前店后场。这一带在当时是交通要道，商铺林立，作为杭州四家最著名的国药号之一的朱养心更是门庭若市。在医药还很落后的古代，外敷药的作用格外重要。朱养心的膏药对跌打损伤、痈疽疮疡的治疗尤其有效。比如肝脏肿块用一般的狗皮膏达不到止痛效果，而使用朱养心的阿魏狗皮膏不但可以止痛，还能够消散早期肿瘤；而万灵五香膏则对多年的陈伤旧痛、腰膝麻木都能起到迅速止痛、舒筋活络的功效。在白内障还无法手术的时候，朱养心的珍珠八宝眼药能起到防治作用，直到今天，珍珠八宝眼药仍是朱养心的主要产品。朱养心的膏药都是按照传统秘方配制而成，传子不传女，对外人更是绝对保密。

中华人民共和国成立以后，朱养心逐步组建成现代规范的中药企业：1956 年公私合营时，朱氏后人的私股已所剩无几；1966 年改名为“光明药室”；1982 年建立朱养心膏药厂；1988 年更名“朱养心药厂”：1999 年加盟杭州华东医药集团有限公司；2001 年更名为“杭州朱养心药业有限公司”。

朱养心的传统产品有：万灵五香膏、阿魏狗皮膏、阳和解凝膏、碧玉膏（童禄膏）、白玉膏、格子膏、头疯膏、移星膏、鸡眼膏、三仙丹、八宝珍珠散、日精月华丹（水眼药）、鹅毛管眼药及八宝神效眼药三号等，各种药都在药名前冠以“朱氏”二字，体现出充分的品牌意识。朱养心遵循专科特色经营和服务至上的宗旨，将传统古方与现代工艺相结合，把“专注伤科四百年”树立为公司的经营理念。公司还根据现代人用药习惯，不断进行技术改革，开发了胶囊产品，并用现代技术加工传统古方，以提高疗效，让患者使用更方便。

目前朱养心拥有治伤胶囊、黄连胶囊、万灵五香膏、狗皮膏、逐瘀消肿膏等一系列国家及省级名优产品。其中，治伤胶囊属于国家中药保护品种、国家基本药物、国家医保乙类品种和全国独家产品。2003 年，朱养心被浙江省科技厅认定为“浙江省高新技术企业”；同年，被浙江省工商管理局评定为“浙江省知名商号”；2006 年，被商务部认定为首批“中华老字号”。

参考文献：路峰，陈婉丽，徐敏．杭州老字号系列丛书—医药篇 [M]. 杭州：浙江大学出版社，2008: 30-41；戎彦．浙江老字号 [M]. 杭州：浙江大学出版社，2011: 21-23.

张同泰（创建于 1805 年）

位于中山北路孩儿巷口的张同泰药店，是杭州连续在原址经营时间最长的国药店，也是除胡庆余堂外，市中心清代风格保存最为完好的建筑群落。张同泰曾与胡庆余堂、叶种德堂、万承志堂、泰山堂、方回春堂合称为杭城六大家。

关于张同泰国药号的创始人有不同的说法。据张家宗谱所录《大赞公墓志铭》记载为张锦，并非通常认为的张梅。清嘉庆五年(1800 年)，张锦在杭州新宫桥河下开设了茂昌药号，五年后，兼并了同春坊孩儿巷口的“沈同泰”，更名为“张同泰”。在张同泰创始的时候，张锦就发现，杭州药铺多以零售成药和坐堂看病为主，而需求量大的客户只能跑很多家药铺才能买齐所需的药材，于是，他就确定了以批发为主的经营模式，让客户能一次性在张同泰购齐全部药材。这种市场定位的差异化让张同泰能够很快在市场上立足。

张锦去世后，张同泰由他的独子张梅继承。张梅自幼读书，曾考中秀才，本希望走文人仕途，后在母亲劝说下，接管了药号。他仔细经营店铺，积极周转资金，购地四余亩把张同泰扩建成杭城一流的大药铺，还在靴儿河下开设了益元参店。第四代传人张宏骧因一门心思都在读书上，店铺由其夫人杨氏打理。在精明能干的杨氏管理下，张同泰达到了其发展鼎盛，和胡庆余堂，叶种德堂齐名，并称为杭州三大药堂。张同泰第五代传人张鲁庵尚在幼年就成了药店继承人。张鲁庵喜好诗文和篆刻，后人称其“以商养文”。民国元年，药店经大规模翻建后，新屋落成，重建石墙门，上刻“万象”商标，“张同泰”镀金大字熠熠生辉，大门两旁悬挂“张同泰道地药材”铜牌，自制传统成药三百六十余种。

张同泰之所以能够兴旺的原因在于谨遵祖训“悉遵古法、务尽其良，货真价实、存心利济”。张同泰规定进货必须是道地的药材，高价路远都不计较，绝不以次充好，工艺也是精益求精，由此树立了老字号的良好形象。

张同泰店规森严，营业员在工作时间的姿势都有严格规定，接待顾客更是有问询和交待的职责。过去，张同泰的营业员被尊称为“先生”，对外不直呼姓名，而是冠以“采仙芝”“以济事”“借圣道”等雅号，别有一番雅趣。张同泰的管理也有一套自己的制度，采取“三大仙、四柱子、八根档”的管理形式，职责分明。“三大仙”是指主任、饮片主任、药房主任；“四柱子”是指拆兑主任、货房主任、丸散主任、饮片主任；“八根档”是指刀房头儿、丸散二柜、饮片二柜、副账房、料房头儿、片子房头儿、细货房头儿、改制房头儿。

经过几代人的努力，张同泰的规模越来越大。至 20 世纪 30 年代前，员工最多时有六十多人。抗战期间，张同泰曾关门三年，抗战后期又开始营业，还支援过抗日部队。但纷乱的战争年代也阻碍了张同泰的发展。

1956 年，张同泰实行了公私合营，先后并入同益堂、大生祥、孙泰和美华四家店；1965 年更名为春光药店。“文化大革命”期间，张同泰铺面雕花匾额碑刻，悉被砸毁；1988 年，按照原貌进行了较大规模的修葺；1999 年张同泰被列入杭州市文物保护单位；2004 至 2005 年，再度进行了复原性修葺；2006 年以原貌重新开业；2006 年被商务部认定为首批“中华老字号”；2007 年，张同泰被列入首批“浙江省非物质文化遗产”名录。今天，张同泰把中药、中医和养生结合起来，已经发展成为集经营和医疗、保健和养生、旅游和参观为一体的杭州著名中药文化基地。

参考文献：路峰，陈婉丽，徐敏 . 杭州老字号系列丛书—医药篇 [M]. 杭州：浙江大学出版社，2008: 76-107；戎彦 . 浙江老字号 [M]. 杭州：浙江大学出版社，2011: 24-27.

张同泰国药号（中山北路 99 号）

万承志堂国药号（高银街 103 号）

万承志堂（创建于 1875 年）

万承志堂国药馆始建于清光绪初年（1875 年），创始人是曾任清朝两浙盐运史的万嗣轩。清同治年间，祖籍江西南昌丰域县的万硐轩做棉花生意发家，他与曾国藩是世交好友，曾捐赠钱银帮曾国藩解决了军饷不足的燃眉之急。万家从江西迁到杭州之时，曾国藩慷慨相赠了一处豪宅，面积很大，以报当年之恩。万家以此为根基，逐渐发展成为一方豪族。

除了万承志堂，万家当时的产业还有清泰街的泰和当铺、清河坊的永春茶叶行等。万承志堂奉行“乐善好施，仁医济世”的原则。当年，万嗣轩曾立下规矩：药馆必须昼夜配方卖药，对贫困病人一律免费送药；对贫穷危难的人另外布施钱财；每逢初一十五，所有药材补品都九折让利于民。而药馆的盈利，除了维持日常开销外，其他都用来布施贫病平民和支持教育公益事业，比如每年都会有不小数目的捐助给宗文义塾。万承志堂的慈善活动让自身拥有了良好的口碑，也在百姓心中树立起了品牌的威望。

鼎盛时期的万承志堂与胡庆余堂、叶种德堂当时并称杭州药业“三大门市”，再加上方回春堂、泰山堂、张同泰，并称“六大家”。万承志堂的药酒是一绝，治疗疾病有奇效，民间流传着“家有承志酒，长幼保康寿”的说法。在“首届西湖博览会”上，万承志堂的药酒荣获特等奖。因此，万承志堂被誉为“江南药酒王”。据 1928 年《杭俗遗风》记载：“杭州药店中，就其最著称者，有胡庆余堂之药材，万承志堂之药酒，皆称一时矣。”

据《杭州商业志》记载，1937 年抗战爆发以后，药店细料房遭受火灾损失惨重，万承志堂从此倒闭，只有《万承志堂散丸全集》流传于后世。

万承志堂于 2005 年复馆开业，秉承“做药务真，不得欺客；行医务正，不得欺世”的祖训，药材必求真材实料，坐馆大夫则要求医术高、品行端正。2006 年，万承志堂被国家商务部认定为首批“中华老字号”。

今天，新的万承志堂坐落在高银街，与胡庆余堂、方回春堂毗邻，以中医治疗肿瘤为特色，以济世慈善之心，继续造福社会。

参考文献：万承志堂官网：www.hzwczt.com; 路峰，陈婉丽，徐敏 . 杭州老字号系列丛书—医药篇 [M]. 杭州：浙江大学出版社，2008: 160-167；戎彦 . 浙江老字号 [M]. 杭州：浙江大学出版社，2011: 28-29.

叶种德堂（创建于 1808 年）

杭州叶种德堂国药号创始于清嘉庆十三年（1808 年），创始人叶谱山，宁波慈溪人，原在刑部任职，精通医术的他离职后在杭州行医，亲自选料配药，对贫病求医者不计报酬，慷慨施助，因此颇著声誉，后在望仙桥直街开设叶种德堂。

叶种德堂开业以后，广采历代宫廷和家传验方，并拣选各省地道药材，精心配合成药，药效显著，因此前来求医问药的百姓络绎不绝。地道的药材、严格的工序、充足的分量，让叶种德堂在百姓心目中树立起良好的信誉。因为资金雄厚，叶种德堂可以以较低成本大批量进货，质量也优于同行，还采用薄利多销的方式吸引顾客，首创了折扣日促销方式。

叶谱山之后，由他的第二代传人叶筱兰继承经营叶种德堂。叶筱兰精心规划，力图扩充业务，陆续增设丸散膏丹成药专柜，并大量引进关东雄鹿饲养，又在店后布置花圃，培养各种药用动植物，吸引顾客参观。当时关鹿属于珍贵动物，南方更是罕见，因此哄动远近，达到了很好的广告效果，观鹿购药者陆绎不绝。

叶种德堂虽历经沧桑，但由于坚守医药道德信誉，对药材精心拣选，并根据古方博采医家精髓而修合丸散成药，因此能平稳发展，信誉远著，历久不衰。至光绪年间，叶种德堂由叶谱山第四代孙叶鸿年负责经营。这是叶种德堂最兴旺的时期，一度成为当时杭城最大的药号。

叶种德堂有着严格的组织和经营管理制度，从叶谱山到第四代孙叶鸿年都由熟悉医药行业行规的店主直接负责。叶鸿年以后，店务由经理沈吉庆负责，当时全店有员工百余人，细分为十余个部门，这样的规模在当时并不多见。自沈吉庆任经理后，店务虽略趋稳定，但终因时局多变，想要恢复当年盛况，已变得很难。

民国初年（1912 年），毛松林任叶种德堂经理。当时由于资金短缺，无法大量采购珍贵药品，关鹿也多被胡庆余堂所购得，叶种德堂仅能维持一般的业务。民国 15 年（1926 年），陈新福担任经理，叶本生任总会计，掌握店内财权，但仍是负债累累，难以支撑。民国 22 年（1933 年），当时杭州总商会会长王芗泉鉴于叶种德堂系名牌老店，信誉久著，实力尚存，如能充实资金，前途大有可为，因此由他发起征集新股集资以支持叶种德堂，又聘请原湖墅天禄堂药店经理柴梅生为经理。次年开始耗时两年在清河坊建造新店。1936 年，叶种德堂迁入清河坊新址。清河坊闹市的优越商业环境很快给叶种德堂带来了再次繁盛，其所制丸、散、膏、丹和虎、鹿、龟、驴胶等高档补品畅销全国。此时的叶种德堂，与胡庆余堂、万承志堂、张同泰、泰山堂、方回春堂并称杭城“六大家”。

然而，新店开业后不久，抗日战争爆发，杭市各业相继停顿，居民大批逃亡，叶种德堂被逼停业，全店近百职工均遣回原籍，仅留两人看守店屋。不久杭州沦陷，店内所养二百余头关鹿，尽被日寇屠杀，幸店屋未遭毁损。1938 年下半年，杭市情势略告稳定，由于市上缺医少药，柴梅生决定开门复业，但因货源缺乏，业务难有起色，以后虽略有好转，也仅能维持在店职工的最低生活。

抗战胜利后，各股东陆续回杭，决定重振旗鼓，增添资金，并采购大批关鹿，使业务逐步恢复到战前水平。但好景不常，受时局影响，仍然是困难重重，这种情况一直持续到杭州解放。

1956 年，叶种德堂公私合营，柴梅生任私方经理，在清河坊原店继续营业。1958 年，经杭州市中药公司决定，并入胡庆余堂国药号。21 世纪初，沉寂了约半个世纪的叶种德堂经过胡庆余堂斥巨资复原，重现了昔日辉煌，再次成为杭州的一家重要的中医药机构，并被授予首批“浙江老字号”和首批“杭州老字号”企业称号。

参考文献：路峰，陈婉丽，徐敏．杭州老字号系列丛书—医药篇 [M]. 杭州：浙江大学出版社，2008: 108-119；戎彦．浙江老字号 [M]. 杭州：浙江大学出版社，2011: 33-35.

许广和（创建于 1524 年）

许广和国药号创建于明嘉靖三年（1524 年），创始人曾为许姓御医，卸任后在杭州靴儿河下新官桥堍开设了该药号，发展至清代已拥有相当大的规模。《杭俗遗风 · 名铺》记载：“清道光、咸丰年间，杭城药店，生意极盛者，数种德堂、许广和、碧苏斋。”这段文字印证了许广和药号在当时的兴旺发达。同治十年（1871 年），许广和与叶种德堂、张同泰、方回春堂、胡庆余堂并称为杭州五大药商。

许广和精制补养损虚、调理气血、化痰消滞、六气类和膏药、花露等成药 380 余种，还细分为内科、妇科、儿科、喉科、眼科、外科等，其多数药方根据宫廷秘方炮制而成。清末，许广和衰败之后，部分秘方由叶种德堂等传抄配制。

许广和今属于杭州武林药店有限公司。武林药店的前身为培元堂，创立于 1923 年，后改名为武林药店。近年来，武林药店确立了“为您的健康美丽服务”的宗旨，探索多元化和差异化的经营，朝着药妆模式和会员、模式的方向发展。目前，杭州武林药店已经发展成为一家拥有几十家门店的药品零售连锁企业，其品牌许广和被授予第二批“中华老字号”、首批“浙江老字号”和首批“杭州老字号”。

参考文献：戎彦 . 浙江老字号 [M]. 杭州：浙江大学出版社，2011: 29-30.

李宝赢堂（创建于 1883 年）

李宝赢堂的前身是创始于清光绪九年（1883 年）的宝致堂，迄今已有一百二十多年历史。宝致堂的创建人李致高，生于浙江省浦江县岩头镇许村，16 岁进县城浦阳镇的黄姓亲戚家药铺当学徒。李致高勤奋刻苦，很快就熟练掌握了认药、采药、晒干、加工、药理和望、闻、问、切的诊疗方法，还研制出了祛瘟丸、解毒散、清热丹等中成药。后来，李致高成为了黄家的女婿，并继承了药铺。他以“济世宁人”为宗旨，凭借精湛的医术和出色的管理，宝致堂的名气越来越大。浦阳江发源地的原始森林让这里成为采集中草药的好地方。在缺医少药的年代，宝致堂用自然之法，医治了很多疾病，拯救了数不清的生命。

1922 年，李致高的小儿子李邦明继承了宝致堂，成为第二代传人。他非常重视李时珍的《本草纲目》，认真研究其中的食疗重于药疗的理论，研制出了“人参活血丸”“李时再造丸”“回春宝和散”“参蛇酒”等，用于滋阴补肾、益气活血。

李邦明还受到了西医的很大影响，把小儿子李兴进送到金华卫校。李兴进后改名为李乾正，毕业后成为了宝致堂第三代传人。后来，他又到浙江医科大学营养系深造，并在杭州成家立业，从此，宝致堂扎根杭州。李乾正的大儿子李赢成为了宝致堂的第四代传人。

1992 年，李赢将宝致堂改名为“李宝赢堂”，致力于研制营养滋补品。他根据“生命在于平衡”的理论，研发平衡营养、调节机体的营养滋补保健食品。

21 世纪，越来越多的城市“文明病”出现，如高血压、高血脂、慢性疲劳综合征、免疫功能低下等。李宝赢堂开始致力于“文明病”克星的产品开发，比如调节血脂改善胃肠道功能的轻捷快乐胶囊、免疫调节产品铁皮石斛西洋参胶囊和银耳燕窝胶囊、抗疲劳的参茸酒等，很好地迎合了市场需求。目前，公司经营保健品品种多达一千余种，主要分为十大产品系列，包括野山参系列、高丽参系列、花旗参系列、鱼翅系列、燕窝系列、鹿茸系列、虫草系列、海味系列、补酒系列、汤包系列。

自古以来，中药就有“道地药材”的概念，李宝赢堂自创立以来，始终坚持从原产地采购原材料，进货时宁可高价格，也要确保原料的质量，绝不掺假。比如野山参，李宝赢堂只卖纯货和已有检验的。李宝赢堂的产品有一个显著的特色，就是原料一目了然，比如野山参、虫草、鹿茸等，都可以直接看到。这也成为道地原料最为真实的佐证。秉持着“采办务真，修制务精”的祖训，李宝赢堂已经发展成一个有自己的中药生产基地、年产值逾亿的集团。李宝赢堂一直走直营专卖之路，避免了特许经营模式可能在渠道上带来的假冒伪劣。李宝赢堂选择在全国的中高档商场建立专营店，还是国内第一家成功运作参茸保健专营的企业，这种模式至今在同行中仍处于领先地位。李宝赢堂的专营店现在全国已经有一百多家。在品牌传播方面，坚持本土化模式，如参加西湖博览会、举办参茸文化节、冠名电视节目、参与美食栏目、建立专门网站，为参茸酒全国招商搭建平台。

李宝赢堂的品牌定位是：优质营养滋补品选购、服务专家，其产品走中高档路线。如今，李宝赢堂已成了高档滋补品的代名词，成为活得最滋润的老字号之一。

李宝赢堂被授予第二批“中华老字号”、首批“浙江老字号”和首批“杭州老字号”。

参考文献：戎彦．浙江老字号 [M]. 杭州：浙江大学出版社，2011: 168-170.

2.4 文房产业

“文房”之名，起源于南北朝时期，专指文人书房，后成为书房用具的统称，以笔、墨、纸、砚四类为代表，故称“文房四宝”。除最主要“四宝”以外，文房产品还包括笔筒、笔架、笔洗、墨床、墨盒、砚匣、砚滴、水丞、水勺、书镇、印章、印泥、印盒等。文房既是我国古代传统的书写工具，又是中华民族创造的文化瑰宝。千百年来，文房产品以独具特色的传统工艺，精致优雅的艺术造型，引发了许多文人墨客的悠思和遐想，为中华文明谱写出了绚丽多彩的篇章。文房产品不仅具有实用价值，也是将书法、绘画、雕刻、装饰等不同艺术形式融为一体的工艺品。2007 年，中国科学院科技史所和中国文房四宝协会向联合国教科文组织申报“文房四宝”为世界级“非物质文化遗产”。

文房产业包括笔、墨、纸、砚等的生产、流通、消费及其相关产业。中国的文房产品制作历史悠久，产地品类众多，尤其以安徽宣城（泾县）的宣笔和宣纸、安徽徽州（歙县）的徽墨和歙砚、广东端州（肇庆）的端砚、甘肃（卓尼）的洮砚、浙江湖州（吴兴）的湖笔最为著名。

浙江省的文房产业以湖笔最为著名。湖笔的故乡位于杭州不远的湖州市善琏镇。南宋时期，地处江南的宣城因战乱而衰落，而与宣城接壤的湖州十分幸运地没有受到战乱的影响，成为南宋遗民聚居之所。当时宣城的一些笔工迁居湖州，依赖制笔产业为生，并开始改进制笔工艺，湖笔就此兴起。湖笔之所以蜚声四海，离不开当时文人的推举。元代钱舜举的画、赵孟頫的字、冯应科的笔被并称为“吴兴三绝”。随着赵孟頫的书法名震朝野，他所用的吴兴笔匠冯应科制的“湖笔”之名便不胫而走，为世人所青睐。据《湖州府志》记载，“元时冯庆科、陆文宝制笔，其乡习而精之，故湖笔名于世”“湖州冯笔妙无伦，还有能工沈日新。倘遇玉堂挥翰手，不嫌索价如珍珠”。

元代，湖笔能工巧匠辈出，冯应科、陆文宝、沈日新、杨显均、温生、陆颖等多人留名史卷，“湖笔”的美誉从此树立。

湖笔以制作精良、品质优异而享誉海内外，成为中国毛笔的代名词。湖笔笔料的品种繁多，有软毫、硬毫、兼毫三大类三百多个品种。软毫主要为羊毫，传统上只择取杭嘉湖一带所产的优质山羊毛。根据毫料扁圆、曲直、长短、有无锋颖等特点，浸于水中进行分类组合，一般要经过浸、拔、并、梳等七十余道工序。羊毫按照笔峰又分为长锋、中锋和短锋，长锋柔软贮墨多，中锋为普及型，短锋适合绘画。硬毫主要为狼毫，一般用黄鼠狼毛制成，毛质较硬且有弹性。另有紫毫，选用山兔脊背上一小撮最硬和弹性最好的毛制作而成，锋颖坚挺。用狼毫和紫毫，无论书写还是绘画都会体现出苍劲有力的特点。兼毫是用多种毛，如山兔和山羊毛混合制成的，由于不同材料有软有硬，所以有刚柔并济的特点。湖笔的笔杆主要取自浙西天目山北麓灵峰山下的鸡毛竹。这种竹子节稀杆直，竹内空隙较小，是制作笔杆的理想原料。

湖笔具有鲜明的地域特色，其精湛的制作工艺是浙江传统文化的重要组成部分。然而，历史的变迁和社会的现代化发展，导致从近代起中国人的书写方式发生了彻底的改变，西式的钢笔、铅笔、圆珠笔逐渐替代了毛笔，湖笔的需求量锐减，工匠流失、传承乏人，品质也因此不断下降。传统湖笔制作工艺受到了巨大冲击，急需采取措施加以保护。对此，国家相关部门高度重视。2002 年，湖笔被批准为国家“地理标志商标”保护产品；2006 年，湖笔制作技艺经国务院批准被列入第一批“国家级非物质文化遗产名录”。湖笔的保护和传承从此走上了规范、健康的发展之路。

除湖笔外，浙江的文房产业中最著名的当属杭州富阳的传统造纸业。富阳造纸业历史悠久，早在汉明帝时期（58－75 年）就已出现手工造纸业，距今已有一千九百多年的历史。中国传统手工纸，按原料可分为皮纸、麻纸、藤纸、竹纸等。富阳素有“土纸之乡”的美誉，自唐、五代起，就开始用嫩竹为原料生产土纸。

2008 年，有人在富阳高桥镇泗洲村凤凰山北麓发现了一处总面积 22000m² 的宋代造纸作坊遗址。经国家文物局专家们论证，确认它是中国迄今发现的最早和最完整的古代造纸作坊遗址。该遗址基本反映了传统造纸工艺从原料预处理、沤料、煮镬、浆灰、制浆、抄纸、焙纸等一系列流程，出土的遗物器形精美，规格高，且年代比江西高安的明代造纸作坊遗址至少早了359年。在该遗址出土的方砖上，有“大中祥符二年九月二日记”铭文，这种在作坊中刻字记事的做法，在当时十分罕见。它表明该造纸作坊在北宋宋真宗大中祥符二年，即公元1009年就已存在。

富阳竹纸以“制作精良、品质精粹、光滑不蛀、洁白莹润”而被誉为“纸中上品”。与唐末五代名纸“薛涛笺”和汉末晋初“左伯纸”并称为中国古代的三大名纸。对此，《咸淳临安志》和《梦粱录》都有记载。富阳竹纸因被北宋皇帝用于元日庙祭时书写祭文，故又称“元书纸”。这种纸色泽淡黄，其质柔韧，闻着有竹子清香，久藏不蛀、不易变色。元书纸在北宋就已被选作朝廷锦夹奏章和科举试卷的首选用纸，故有“京都状元富阳纸，十件元书考进士”之说。明朝晚期，宋应星在《天工开物 · 杀青》中记载了竹纸的生产工艺、用料和制作工序。

富阳竹纸因纸质精细柔软，薄而均匀，颜色洁白，经久不变，可供书画、碑帖、扇面、装裱字画之用，历来为世人称道。到了清代，富阳纸旺销京津沪杭以及全国各地。《浙江纸工业》记载，“说纸，必说富阳纸”，“富阳一张纸，行销十八省”。

制作高品质元书纸的关键是要选料严，做工精，水质好。由于竹的纤维含量相对于桑、麻等韧皮类造纸原料较少，而木质素等非纤维素杂质含量却相对较高，因此，若想利用竹材制造出质量较高的手工纸，在竹料的砍伐时间以及加工工艺上就会有特殊要求。一张元书纸，从原材料到成品，前后要花60天时间。整个手工制作过程，要经过斫竹、拷白、浸料、煮料、翻滩、抄纸、晒纸等二十多道工序，并且每道工序要有序作业，环环紧扣，精工细作，一气呵成，不得有半点马虎。

清末民初，由于社会环境的变化和部分技术的退化，富阳竹纸产量和质量均有所下降。至20世纪四五十年代初，富阳地区竹纸产业已基本停产。20世纪50年代后，富阳的湖源、大源地区逐渐恢复生产。但经历了这些波折之后，富阳竹纸在很长时期基本处于衰败的状态。

富阳传统手工纸早先有三大类，即皮类纸、草浆纸和竹浆纸。遗憾的是，目前仅剩下竹浆纸还有所传承，其他两类都已经失传。2006年，富阳造手工竹纸技艺经国务院批准列入第一批“国家级非物质文化遗产名录”。2015年，“湖源元书纸”获批成为继“善琏湖笔”之后的浙江省第二个荣获国家“地理标志商标”的文房产业品类。

目前在富阳，有三位竹纸制作技艺的国家级非物质文化代表性传承人，一位是杭州富春江宣纸有限公司的董事长庄富泉，一位是杭州富阳湖源新三元书纸品厂负责人李法儿，还有一位是杭州富阳大竹元竹纸有限公司的董事长李文德。

杭州文房产业老字号品牌

邵芝岩（创建于 1862 年）

邵芝岩笔庄创建于清同治元年（1862 年），距今已有近一百六十年的历史。它是杭州的百年老店中惟一制作和销售各类毛笔并兼营砚台、徽墨、宣纸等文房四宝的老字号企业。

邵芝岩笔庄原名“粲花室”，由慈溪人邵芝岩在杭州三元坊开设。邵芝岩非常喜欢兰花，用 500 两纹银的高价购买了一株稀世珍兰作为镇店之宝陈列在自己的笔庄里。名贵的兰花吸引了众多的观者，特别是文人雅士，笔庄也因此名声大振。于是，邵芝岩索性将“芝兰图”作为商标，商标图案的左侧是插在花瓶里的一株灵芝，对应店主名字中的“芝”，右侧是一盆兰花，寓意笔庄经营的笔之名贵。为了感谢兰花对笔庄生意的帮助，此后邵家的女子的名字中都带有“蕙”字。

从邵芝岩开始，邵小岩、邵仁山等祖孙几代秉承“选毫必精、加工必严”的宗旨，精心经营笔庄，其产品受到了众多文人的赞誉，在晚清时期甚至被列入贡品。

坊间曾经一直流传着一个邵芝岩八度返工的故事。据说当年邵芝岩做笔在杭州有了名气之后，书法家唐驼慕名前来要求定做毛笔。他的要求很怪，着了墨的笔头向下碰到桌子，笔头会散开，但当他再度提起毛笔时，笔头必须立即恢复紧密。这个要求难倒了众多制笔匠，而邵芝岩却接下了这个难题。他对自己的技艺充满信心。数月之后，邵芝岩拿着做好的毛笔给唐驼，但唐驼却不满意，之后连续返工了八次，终于做成了唐驼理想中的笔。正是这样的匠人精神，使得邵芝岩笔庄能够在激烈的商业竞争中得以生存。

笔庄自产自销各种档次的毛笔，有羊毫、狼毫、紫毫、兼毫等四百多个品种。邵芝岩造笔的师傅都是从湖州专门聘请的，制笔过程中最重要的工序都是由大师傅严格把关。

“芝兰图”牌的高档毛笔品类中，有特制“玉兰芯”“福禄寿喜庆”“极品冬紫毫”“北狼毫”等品类。邵芝岩的毛笔具有“圆、健、齐、尖”四大特色。圆是说毛笔的笔头圆润充足，写字时发力均匀；健是指笔头有弹力，一笔落下，提起时能恢复如初；齐是指笔头的各个部位毛料齐备，书写时端正且有序；尖是指毛笔垂直向下聚拢时，末端尖锐。

尽管邵家代代兢兢业业，但从邵仁山开始，邵芝岩笔庄的生意已开始走下坡路。抗战期间，笔庄一度关闭。抗战胜利后，邵家人从绍兴回到杭州，1946 年，在中山中路 216 号开设了分店，分店交由刚二十出头的邵仁山第二子邵克文经营。邵克文虽然不亲自制笔，但从小对制笔耳濡目染。1943 年，他从上海南洋中学毕业以后，就被召回杭州作为笔庄的接班人。父亲邵仁山去世以后，有些客人来买笔的时候，还会请邵克文帮忙挑选。

1956 年，公私合营后，邵芝岩笔庄和石爱文笔庄合并，后又并入了隆泰昌文具店。1964 年笔庄更名为文光笔店，之后并入涌金笔店，萎缩至一个卖笔的专柜，此后就不再是邵家人经营了。“文化大革命”期间，涌金笔店更名为“勇进笔店”。直到 1979 年，重新恢复了“邵芝岩笔庄”的店号。

邵芝岩的笔原本是大众消费品，但随着毛笔逐渐退出日常书写的历史舞台，从实用品转换成了仅被少数书法家、国画家所使用的传统工艺品。在新的时代背景下，邵芝岩笔庄勇于进取，通过关注市场的新变化，积极开发新产品，以跟随需求的变化。笔庄陆续开发出了油画笔系列、水粉笔系列和水彩笔系列等新品。笔庄在笔头保持传统特色的基础上，还不断美化笔杆、笔盒和挂件等，让产品能更好地满足消费者对美的追求。此外，还另有创新产品，比如较为新颖的用男女头发制作而成的鸳鸯笔，寓意白头偕老；用婴儿第一次脱落的头发特制的胎发笔，寄予聪慧的美好愿望等。这些都赋予传统的毛笔新的含义，也符合我国消费者的心理。

今天的邵芝岩笔庄位于中山中路，还保持着前店后场的格局，门前悬挂着赵朴初题写的“邵芝岩笔庄”。走进店堂就像进入了毛笔博物馆，各种材质和规格的毛笔琳琅满目。中堂高悬严济慈题的“秦花室”，后面是工场及库房。邵芝岩笔庄保留了民国时期灰木结构建筑，现已被列入杭州市历史建筑保护单位。

邵芝岩笔庄自创业以来，曾经在南阳、巴拿马、西湖博览会等中外会展上获奖。从 1983 年起，“芝兰图”牌毛笔连年被商务部定为中国六大名牌毛笔之一；1985 年起，邵芝岩笔庄开始开拓国外市场。目前，笔庄的产品有七成销往国外，主要是日本及东南亚国家，成为我国传统笔业海外市场开拓最成功的企业之一。1987 年，“芝兰图”牌毛笔被评为浙江省商办企业名、特、优新产品“玉兔奖”；1994 年，“芝兰图”牌被评为浙江省著名商标；同年，“芝兰图”牌毛笔 的“紫竹丰颖”和“墨趣”获国际亚太博览会金奖；1999 年，被中国文房四宝协会评为全国文房四宝著名品牌；2006 年邵芝岩笔庄被国家商务部认定为首批“中华老字号”企业，同时，也是首批“浙江老字号”和首批“杭州老字号”。

参考文献：赵大川 . 杭州老字号系列丛书—百货篇 [M]. 杭州：浙江大学出版社，2008: 215-221；戎彦 . 浙江老字号 [M]. 杭州：浙江大学出版社，2011: 144-148.

邵芝岩笔庄（中山中路 298 号）

富泉牌（创建于1927年）

著名富阳宣纸品牌“富泉”的所有者是杭州富春江宣纸有限公司。

20世纪80年代，很多人在利益权衡下，转向赢利更高的现代纸类生产，传统富阳竹纸陷于窘境，加上造纸匠人大都年事已高，富春竹纸传统制作技艺后继乏人，濒临消亡。

1983年，庄富泉成为富春江宣纸厂厂长，打出了“富泉”书画宣纸的品牌。庄富泉是富阳本地人，他所在的庄家村是竹纸制作的主要村落之一。庄富泉从15岁起就拜师学习手工竹纸制作技艺。他非常勤奋，经常趁师傅休息的时候，偷偷加练捞纸（俗称“抄纸”）技术。在手工造纸的三四十道工序中，这是难度最大的一道，全凭感觉和手上功夫，才能制作出高质量的纸张。冬天纸槽结冰，冰冷刺骨，而到了三伏天，专用烘房内温度高达80°－100℃，也就是说，这门技艺要经历严寒酷暑的考验。

2002年4月，庄富泉尝试着用龙须草作为制造书画纸的原材料。经过几个月的摸索，他终于成功地生产出了质地上乘的宣纸，解决了竹纸制作原料少、污染重、成本高的难题。为了发掘古代书画用纸，庄富泉反复试验，最后生产出仿元代《富春山居》的宣纸——“黄子久”牌宣纸，赢得当代众多书画大家的赞誉。

庄富泉继承了传统的石灰蒸煮工艺。这种工艺在明代宋应星《天工开物·杀青》卷中就有记载。竹料经石灰浆浸沤并进行蒸煮，对降低纸张的老化和变质速度，减少虫蛀，提高纸张的润墨性都具有非常重要的作用。他还继承了传统的天然漂白工艺。尤其是针对竹料所含杂质多于皮料的特点，将天然漂白工艺分成漂黄饼与漂白饼两个阶段，其间再加入碱蒸与洗涤工艺，工艺上非常科学。庄富泉最早使用机械化生产方式制造宣纸，他还在生产中加入了防蛀原料，让机器宣纸保存时间长于手工宣纸。

杭州富春江宣纸有限公司现有机械造纸和传统手工造纸两大生产线，产品种类非常丰富，有机械画心纸、古籍印刷书画纸、仿古画印刷挂历纸，传统手工生产国画画心纸、书法宣纸、裱画宣纸、高级扇子纸、钞带纸、高强度纱管裱画纸、镜片洁净纸、化妆吸油纸、白纸、育果保鲜袋纸等。公司产品以优质、洁白、光滑不蛀而被誉为“纸中上品”，享誉国内外，手工纸品远销日本、韩国、东南亚等地。

机器制造宣纸目前占到了富春江宣纸有限公司总销量的八成，但是庄富泉最在意的是手工技艺的保护和传承。在他看来，手工竹纸的品质是机械造纸所无法比拟的。他的厂房至今还保留了纸槽、石磨、竹帘等传统造纸工具。庄富泉希望恢复用竹料做仿古元书纸，通过仿古路线，恢复传统品种的同时，能以更高的品位占领市场。他计划把自己毕生的技艺和经验，通过手把手带徒弟的方式传承下去。

2006 年，富阳竹纸制作技艺经国务院批准列入第一批“国家级非物质文化遗产名录”。2007 年，经文化部决定，庄富泉成为竹纸制作技艺文化遗产项目代表性传承人。此外，杭州富春江宣纸有限公司还被授予首批“浙江老字号”和首批“杭州老字号”企业称号。

庄富泉有一个心愿，建造一个中国土纸艺术博物馆，重现中国古代的造纸产业。他设想的博物馆是一个集生产、展示和销售于一体的地方，将竹料纸、黄纸类、草料纸、皮料纸、富阳书画纸等各个品种的原料处理、制造方法等每道工序都在世人面前展示。他要让现代人能够“触摸”到纸张的演变历史。同时，他希望博物馆能够接待国内外学者和游客，在挖掘和发扬古代造纸工艺的基础上，发展文化旅游业，推动区域经济的发展。庄富泉希望在有生之年能够弘扬造纸文化，以纸养博，以文促商，用行业实力推动文化产业的发展，实现产业战略转型与品牌文化营销，并由此形成三大产业格局；高档纸品——艺术、收藏，研发中心——研发、培训，文化旅游——展示、营销。

参考文献：戎彦．浙江老字号 [M]. 杭州：浙江大学出版社，2011: 177-178.

缘竹坊（创建于明嘉靖年间）

“缘竹坊”品牌所有者杭州富阳湖源新三元书纸品厂座落于富阳湖源乡新三村冠形塔自然村。这里是富阳传统竹纸制作工艺的发源地，也是当今唯一完整继承了传统“元书纸”制作技艺之地。其创建者李法儿，家里世代以做手工竹纸“元书纸”为业。他家的造纸作坊是村里公认的时间最古老、规模最大的竹纸作坊，传承到他已是第八代。李法儿的先祖曾于明朝嘉靖年间创造了“裕”字号，并延用至20世纪50年代。

20世纪80年代，李法儿调入县供销社当部门经理，专销元书纸。1993年，他创办了新三元书纸品厂。为了制造大规格、多品种元书纸，李法儿请教同行前辈，嫁接现代工艺，改进传统工艺。通过近十年的不懈努力，他终于研发出了符合时代需要的各种规格的精品元书纸，包括漂白元书、本色元书、小元书和古籍印刷纸，还攻克了因为竹纤维短、不能生产大尺寸纸张这一难题，做成了能满足书画家需求的各种尺寸元书纸。

元书纸的制作工艺非常繁琐复杂，从新竹到纸张，须经过十几道工序。从最初的选竹砍竹，到最后的烘烤裁剪，都靠老师傅们的经验和巧手。因为是纯手工操作，元书纸的产量不高，新三元书纸品厂一年的总产量也只有三四万刀（每刀100张）。一个具有十年从业经验的工人师傅每天最多只能捞出1500张纸。

随着时代的发展，曾经“富阳一张纸，行销十八省”的繁荣局面已不复存在。拥有一千多年历史的元书纸和许多古老的民间工艺一样，正在遭遇生存与发展的困境，最大的问题是传统造纸技艺后继乏人——掌握造纸技术的手工艺传人年事已高，而年轻人因为怕苦或者说收入不高而不愿意学。

2005年，富阳“竹纸制作技艺”进入国家非物质遗产名录，所有原始资料采集都在缘竹坊完成。李法儿也在2007年和2012年，分别被授予省级、国家级非物质文化遗产保护项目——竹纸制造工艺的代表性传承人。杭州富阳湖源新三元书纸品厂被授予第三批“浙江老字号”企业称号。

2010年底，浙江浦江县举办“书画艺术节”，新三元书纸品厂的元书纸赢得了来自全国各地的著名书画家们的一致好评。

为了提高富阳元书纸的附加值，推进竹纸制作技艺这一国家非物质遗产的继承和发扬，推动富阳造纸业的进一步发展，更好地提升富阳“中国造纸之乡”的声誉，“缘竹坊”品牌于2011年初应运而生。

同年，缘竹坊在《富春山居图》作者黄公望隐居的富阳东洲街道黄公望村成立“黄公望书画艺术创作基地”，广邀各地知名画家用元书纸进行创作，借此机会悉心听取画家们对元书纸的要求和建议，以进一步改良制作元书纸的工艺。

元书纸具有洁白柔韧、微含竹香、易着墨而不渗、久藏不蛀、不变色等特点，有不同于任何宣纸的特有的纸性，对书画家具有巨大的魅力。再加上新三元书纸品厂为入住缘竹坊的书画家提供按需设计和生产的特殊服务，同时，加强漂白技艺，改变纸张尺寸，因此吸引了大批书画家的青睐。对此，总经理章群标自豪地说：“目前元书纸已经在国内的印刷、书法、绘画等领域被广泛应用，改变了此前安徽宣纸一门独大的局面。”

元书纸造纸过程

大竹元（创建于民国时期）

“大竹元”品牌所有者为杭州富阳大竹元竹纸有限公司，位于富阳湖源乡新二村。公司成立于2009年，主要经营生产竹纸、元书纸、宣纸等。

公司董事长李文德是古法制作元书纸的李家第九代传人，元书纸是李家世世代代传下的家业。过去的造纸人家，称为“槽户”，槽的多少代表着家底厚薄。承包到户的时候，他家有两个槽，一年经手竹料十万公斤，所以槽边干活的通常不下六个人。另外，李文德自小就参加伐竹劳动，这是造纸的第一步。16岁的李文德正式拜了第一个师傅学习造纸，后来还拜了一个村里的老师傅学艺，一年后，他把造纸流程中的所有手艺都融会贯通了。

1990年，李文德开始接手家里的造纸作坊，并成立了“阿德元书纸厂”。刚开始他只管埋头做纸，做好了有人上门来收，不愁销路。直到2007年金融危机，打破了这种常态。当时，一件纸（4800张）的价格从260元一路掉到了115元，连成本都无法维持，还要亏着钱付工人工资。村里很多人都放弃了这个行当，但李文德想着这是李家世世代代积攒下的家业，不舍得就这样放下，于是，他开始硬着头皮出门找市场。那些年，李文德跑遍全国各地参加各种文化用品博览会、工艺美术博览会，最多的一年，他参加了七个博览会。很多日本、韩国、中国台湾的订单，就是在这些博览会上达成的。

市场打开了，李文德的造纸事业也越做越大。2009年，他成立了杭州富阳大竹元竹纸有限公司。然而在公司成立的头两年，受到机器造纸的巨大冲击，手工造纸陷入萧条，村里的一些小作坊纷纷倒闭。在危机面前，李文德再一次地选择了坚守，因为他坚信，手工元书纸有机器纸不可替代的优势。此时，他考虑的已不再只是个人的家业，而是如何帮助和他一样的富阳纸农重新振兴赖以生存的手工造纸产业。

李文德深知，走老路只会陷入越走越窄的困境，于是他带领研发团队，运用现代科技手段分析竹浆与竹纸关键性指标，包括柔韧性、湿染性、吸墨性、胶着性，以及竹料古法纤化对竹纸保存时间的影响等，对传统工艺进行复原与改良。他还从《中国纸业》《古代造纸》等书中寻找灵感和启发，试着用猕猴桃藤、桑树皮、三亚皮、龙须草等进行配料，并且不断试验生、熟配料的比例，制造出了不同晕墨效果的白唐纸、宋元纸，大大提高了手工纸品的附加值，同时，他还尝试着做出更大尺寸的纸，以供书画创作的特殊需求。

2006 年 5 月 20 日，经国务院批准，竹纸制作技艺被列入第一批“国家级非物质文化遗产名录”。杭州富阳大竹元竹纸有限公司也在 2014 年被命名为富阳唯一的杭州市非物质文化生产性保护基地，2015 年，李文德成为杭州市非遗项目——竹纸制作技艺的代表性传承人。当年，他还被选为杭州市富阳区富阳竹纸文化保护和传承发展促进会副会长。

李文德认为，富阳纸农世世代代传下的家业，是他们的根基和情感依托。竹纸的传承，必须以文化为核心、产业为依托，因此，既要挖掘富阳竹纸的历史文化价值，梳理竹纸的源流、发展和影响，讲好故事，又要结合富阳竹纸的品牌打造，与发展文化创意、休闲观光产业有机结合，拉长产业的价值链。

杭州富阳大竹元竹纸有限公司被授予第四批“浙江老字号”和第三批“杭州老字号”企业称号。

导岭笔庄（创建于20世纪60年代）

在杭州富阳历史经典产业的文房产业中，不仅有元书纸，还有毛笔。而富阳毛笔首推导岭湖笔。导岭湖笔笔豪挺拔坚韧，富有弹性，行笔圆润，可刚可柔。著名书画家周谷昌对此评价道："选材精良、制作精心，艺事一乐也。"

富阳多产苦竹。苦竹是一种野生小青竹品种，以新义、坑西一带产的质量好、产量多。它的大小刚好可以做笔杆，只要把青竹皮刮掉后，就可以制作各种样式的笔杆。《富阳县供销合作社志》载："相传在一千多年前，坑西农民就生产笔杆，家家户户都有手工笔杆加工作坊，成为一种主要的传统家庭副业。闻名全国的湖州善琏笔庄，发现坑西笔杆后，使其一举成名，长兴不衰。"

1955年，坑西供销社办起了笔杆厂，收购统货，精选加工，年产量达五千四百万支。其产品销往湖南、湖北、河北、陕西、辽宁、广西、天津、北京、山东、江苏等全国二十个省市，中国几乎所有制笔厂家都使用过坑西笔杆。故有"湖笔誉全球，笔杆出坑西"之说。

导岭村在富阳的最北面，与坑西临近，从20世纪60年代中期开始，导岭村从湖笔的发源地湖州市善琏镇请来了经验丰富的制笔师傅，办起了导岭湖笔厂，开始自制湖笔。

"导岭湖笔"的老手艺人闻星根，22岁时和父亲学做毛笔，后来承包了导岭湖笔厂，更名为"导岭新新湖笔厂"。

经过多年潜心经营，导岭新新湖笔厂目前成为了一家集生产、销售于一体的专业手工制笔笔庄，并开创了"导岭笔庄"的品牌。笔厂目前拥有一批资深制笔巧匠，生产的毛笔选料讲究、按传统工艺纯手工制作，还在脱脂这道工序上引进了日本毛笔脱脂核心技术，脱脂出来的毫不仅光泽度好，而且笔头不容易分叉、掉毛。笔厂主要生产全羊毫、狼毫和兼豪。

20世纪世纪80年代，导岭的制笔企业一般都要自己跑出去销售，现如今由于名气在外，都是以订购的方式销售。导岭新新湖笔厂的产品主要销售到国外，以日本、韩国和东南亚为主。国内有一些大城市也有销售点。

今天，导岭新新湖笔厂在传承优秀制笔技艺的基础上，凭借准确的市场定位，锐意革新、独树一帜，致力于各种高档礼品笔的研发，开发出象牙笔、龙凤笔、书画笔、套笔等一系列新品，已成为送礼佳品之一。笔厂高度重视生产管理和客户服务，以专业、诚信、创新的文化理念，努力将“导岭笔庄”打造成艺术追求与商业运作完美融合的品牌。

导岭新新湖笔厂生产的毛笔荣获了2009年度“杭州优秀旅游纪念品”银奖；2011年“富阳市优秀旅游商品评选大赛”金奖；2014年第四届“浙江工艺美术精品博览会”金奖，以及“杭州市著名商标”和第四批“杭州老字号”。闻星根也在2014年被评选为富阳市级非物质文化遗产——富阳湖笔制作技艺的代表性传承人。

导岭笔庄湖笔

浣花斋（创建于 1637 年）

浣花斋始创于明崇祯十年（1637 年），至今已有三百八十多年的历史。最初，浣花斋的店址在杭州府旗下大街（今解放路），以名人书画、文房四宝、宣纸深加工为主业。“买笔，去邵芝岩；买墨，去石爱文；买纸，去浣花斋”，过去的杭州文人会选择这些名店购买文房用品。

清末民初时，中山中路上经营笔墨纸砚的文房店和裱画店相当繁盛，浣花斋也在其内。浣花斋门店的位置，在现在中山中路和河坊街的交叉口，俗称“四拐角”的东北角，前店后坊。《杭州市志》记载“……浣花、匀碧二斋之宣纸，其铺于保佑坊相对设。邵芝岩、石爱文之笔墨则三元坊相向出售。”

中华人民共和国成立后，政府将匀碧斋、开泰和、豫泰和、游艺山房等老文房店并入浣花斋，成立集体所有制企业“浣花斋文化用品商店”，后来又更名为“群众文化用品商店”。而浣花斋的作坊则迁到了金鸡岭，一度也在南山路、延安路上开过门店。今天，随着中山中路历史保护街区的修缮，浣花斋迁址到了中山中路 11 号的一幢中西混合式风格的商住建筑内。

过去让浣花斋声名在外的主要是“南纸”生意。其作坊主要是做宣纸的深加工，即以上等的宣纸为原料，进行后续加工，制成各式各样的笺纸。如做寿要用红色的笺纸，这红不是简单的染色，而是需要师傅通过数道工序手工制成。类似的还有粉笺、洒金笺、蜡笺、米浆笺等。

浣花斋的笺纸深受文人的喜爱。鲁迅用的信纸就指定用他家的信笺。1929 年 3 月 8 日，鲁迅就在日记中写道：“得委托许钦文至杭州浣花斋所购信笺四十余种。”浣花斋有一种很特别的“豆浆笺”，曾经是潘天寿的最爱，做法是在大缸里倒满豆浆，再把生宣浸到里面，类似染布一样。这样加工过的宣纸，半生半熟，作画有独特的韵味。除潘天寿外，知名书画家如黄宾虹、吴昌硕、余绍宋等，也都是浣花斋的老顾客。1921 年，吴昌硕所作《木芙蓉》，四尺单宣上盖有印章“杭省浣花斋监制”。

除了文房用品，浣花斋还有古籍、古画装裱修缮业务，此外还是艺术品交易市场的知名商号。如同北京的荣宝斋、上海的朵云轩，杭州最有名的就是浣花斋。

今天的浣花斋，一楼是传统笔墨纸砚和相关文房用品的销售区，还有为艺术家进行个性化定制的服务区。

浙江浣花斋文化艺术发展有限公司被授予第二批“浙江老字号”和首批“杭州老字号”企业称号。

浣花斋（中山中路 11 号）

西泠印社（创建于1904年）

书法、国画、篆刻共称为“金石书画”，是共同构成独特的中华民族文化艺术的三门姐妹艺术。

杭州是中国的篆刻艺术和印文化最重要的城市。这里刻印、赏印、藏印、品印历史悠久，自成一派，我国印社始祖——西泠印社，以及由国家投资兴建的我国第一个印学博物馆都在杭州。

西泠印社创始于清末的光绪三十年(1904年)。其时正是金石研究的鼎盛时期。立志于弘扬印文化的丁辅之、王福庵、吴隐、叶为铭等篆刻家以“保存金石、研究印学，兼及书画”为宗旨，在杭州发起创建了“西泠印社”。吴昌硕任第一任社长。印社的创立和得名有“人以印集，社以地名”的说法，得名于印社所处的位置，即杭州西湖景区西泠桥附近。西泠印社是我国第一家全国印学社团，同时也是国内外研究金石篆刻历史最久、成就最大、影响最广的团体，以篆刻书画的辉煌成就而享有盛誉。

杭州西泠印社有限公司是西泠印社文化产业的主体企业。其前身是1959年成立的“杭州书画社”，1979年更名“杭州西泠印社”。2003年，杭州西泠印社从经营性产业事业单位转为企业单位，由杭州市政府出资并授权西泠印社社务委员会组建的国有独资企业，并更名为“杭州西泠印社有限公司”。

经过印社人的不懈努力，西泠印社在注重社会效益的同时，努力提高经济效益，坚持以文养文，不断开发资源和提升内涵，现在已经发展成为兼具学术研究、编辑出版、文物收藏、展览交流、篆刻创作、印泥制作和经营文房四宝以及石章、印泥、字画、装裱等于一身的文化经济实体。西泠印社拥有西泠印社出版社、杭州书画社、中国印学博物馆、艺术品商场等文化交流、印学研究、字画观赏及购物场所。西泠印社出版发行的印谱、碑帖、篆刻、书画作品等深受欢迎，金石篆刻独具匠心，字画装裱也是技艺精湛，其出品的印泥更是远销海外。西泠印社与海内外文化艺术领域的沟通交流也在不断地扩大中，影响力日益增强。

为了保持自身的生命力和竞争力，西泠印社确立了“企业化定位、品牌化经营、市场化运作、产业化发展、国际化合作”的发展战略，不断进行资源整合，逐步涉足教育培训、艺术鉴定、展览收藏等领域，还围绕旅游产品、文化礼品、装饰装潢、文房四宝等方向定牌生产，这些都为这家文化艺术领域的老字号注入了新的活力。

1961 年，西泠印社被浙江省政府认定为浙江省重点文物保护单位。1999 年，由西泠印社筹建的中国印学博物馆正式对外开放。2001 年，西泠印社又被国务院命名为全国重点文物保护单位；2006 年，“金石篆刻”（西泠印社）被列入首批国家级非物质文化遗产代表作名录；西泠印社还被确认为中国篆刻的综合保护、传承、交流和研究中心；2009 年，由西泠印社领衔申报的“中国篆刻艺术”成功入选联合国教科文组织“人类非物质文化遗产”。

杭州西泠印社有限公司被授予首批“中华老字号”，首批“浙江老字号”和首批“杭州老字号”企业称号。

参考文献：戎彦. 浙江老字号 [M]. 杭州：浙江大学出版社，2011：150-155.

西泠印社（孤山西泠桥畔）

老字号品牌、百年老店林立的杭州清河坊

三、杭州历史经典产业及其品牌的消费者调研报告

3.1 调研对象、人群、方法和规则

品牌调研包含的范围很广，一般至少需要从品牌主体（企业）、消费者（或市场）和竞争对手三个方面着手。如果说前一章节是从品牌主体的视角出发，对杭州历史经典产业及其品牌的起源、发展与现状进行概述，那么本章节是从消费者的视角出发，通过问卷调查，收集消费者和潜在消费者的数据和信息，来观察丝绸、茶、中药、文房这四大杭州历史经典产业及其老字号品牌在当下的商业生态和文化生态，进而通过建立与消费者的感知、认知和心智相关的指标，来量化评估调研对象的“品牌生命力”。[1]

3.1.1 调研对象

本调研的对象是杭州的历史经典产业中的丝绸、茶、中药和文房四大产业及其老字号品牌，所选品牌与前一章节的内容基本一致。所有调研对象均为“中华老字号”“浙江老字号”或“杭州老字号”企业，共计24个品牌。

由于杭州中药产业的老字号品牌数量最多，远超其他几大产业，考虑权重比，只选择了第一、第二批入选“中华老字号”的八个品牌。作为调研对象的四大杭州历史经典产业与24个老字号品牌名单如下：

1）丝绸产业：都锦生、福兴杭罗、福华鸳鸯、喜得宝

2）茶产业：西湖牌、御牌、翁隆顺、福茂和记、万沐峰

3）中药产业：胡庆余堂、方回春堂、朱养心、张同泰、万承志堂、叶种德堂、许广和、李宝赢堂

4）文房产业：芝兰图牌、富泉牌、缘竹坊、大竹元、导岭笔庄、浣花斋、西泠印社

1 本章节内容消费者调研包括问卷设计、发布、统计由王靖、洪澍、艾维薇、沈妍协助完成。

3.1.2 调研人群

本调研通过网络调查的方式向社会发布问卷。此外，在课题组负责人汪建军担任教学工作的中国美术学院与德国品牌应用科技大学 (Brand University of Applied Sciences, Germany) 合作培养“国际品牌传播”（International Brand Communication）专业硕士研究生项目内部，也做了相同内容的调研，统计结果一并计入总样本。因接受调研的学生（包括在读学生与往届学生）学历层次全部为研究生，年龄大多在 24－30 岁之间，且女性偏多，故在一定程度上会影响调研人群样本构成的某些指标。但考虑到他们的专业即是品牌，大部分毕业生已经是品牌行业的从业人员，大多数又长时间在杭州地区生活过，对杭州的历史经典产业品牌（老字号）多少有一定程度的认知，并且这一年龄层次的人群本身就是或即将成为主力消费群体，也是历史经典产业的潜在目标消费群体，故没有减少其权重。

本次调研共收集了 509 个样本，其中有效样本 503 个。样本构成如下:

1）性别

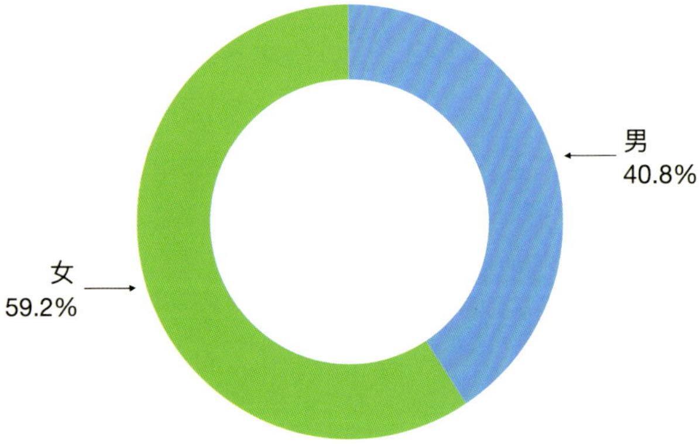

2）年龄

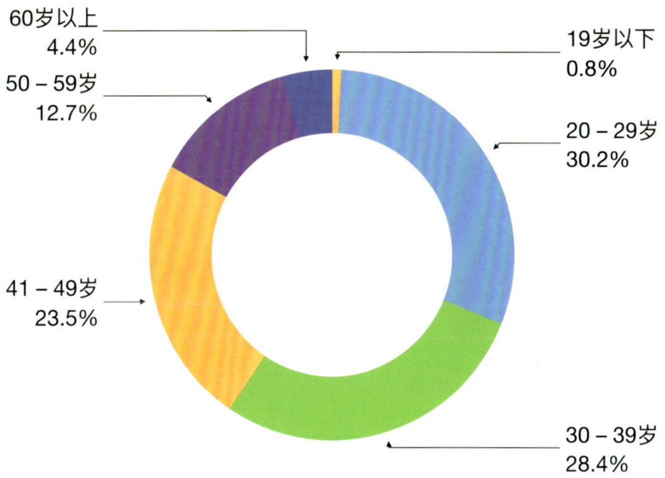
60岁以上
4.4%
19岁以下
0.8%
50－59岁
12.7%
20－29岁
30.2%
41－49岁
23.5%
30－39岁
28.4%

3）学历

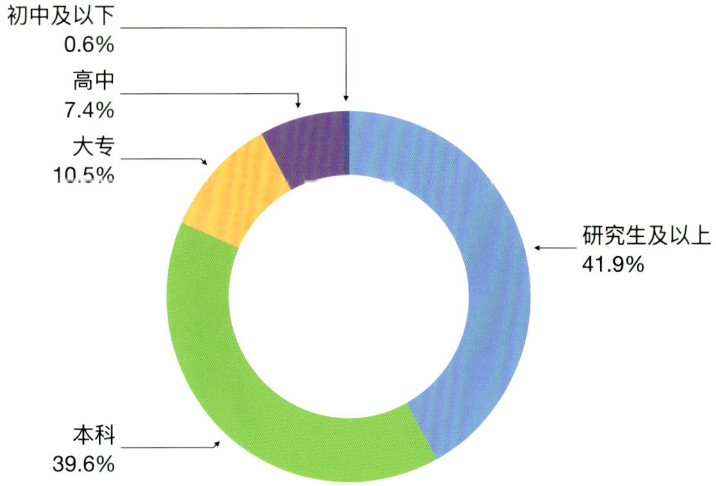
初中及以下
0.6%
高中
7.4%
大专
10.5%
研究生及以上
41.9%
本科
39.6%

4）收入

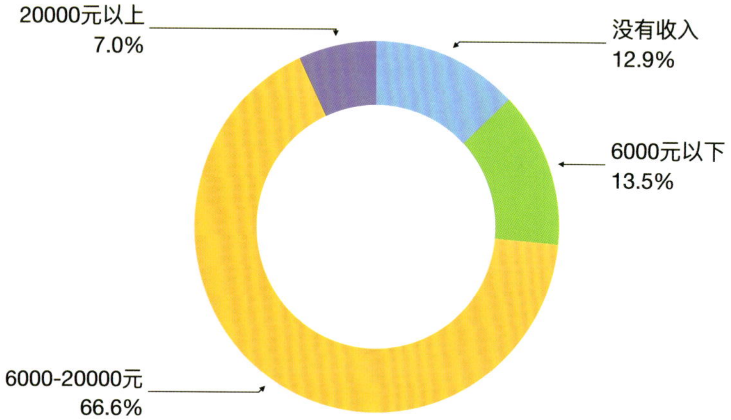
20000元以上
7.0%
没有收入
12.9%
6000元以下
13.5%
6000-20000元
66.6%

5）区域分布

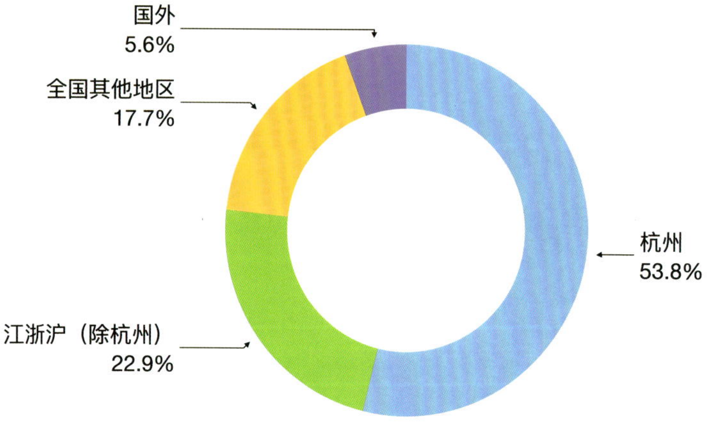
国外
5.6%
全国其他地区
17.7%
杭州
53.8%
江浙沪（除杭州）
22.9%

3.1.3 调研方法与规则

本调研的目的是为了量化评估杭州历史经典产业及其品牌在当下的商业生态和文化生态中的生存与发展状况。课题组经研究决定，将调研分成两个部分，第一部分是从消费者视角出发的一般情况调研，即通过发布调查问卷，采集消费者和潜在消费者所提供的信息，进行定量分析，来观察杭州历史经典产业及其品牌的现状；第二部分将采取定量分析和定性分析相结合的方法，通过建立与消费者感知、认知和心智相关的多项指标，来考量杭州历史经典产业品牌的生命力。

为获得杭州历史经典产业的“品牌生命力”总指数，需要建立多个可量化评估的一级指标。课题组经研究决定，以大卫·艾克（David A. Aaker）的品牌资产“五星”模型和凯文·莱恩·凯勒（Kevin Lane Keller）的“消费者心智五维度”作为基础来确立指标系统。

大卫·艾克的“五星”模型是衡量品牌资产的重要工具，由“品牌知名度”“品牌认知度”“品牌联想度”“品牌忠诚度”和其他品牌专有资产五个部分组成。[1]

品牌知名度（Brand Awareness）是指消费者对某一品牌的记忆以及再识别程度，包括能否通过记忆与识别联系到与该品牌相关的产品、服务等内容。品牌知名度也可以理解为消费者心智中的品牌意识。

品牌认知度（Perceived Brand Quality）是指消费者对某一品牌在品质上的整体印象，包括品牌的特质、效用、可信赖度、商品与服务的品质评价等等。消费者对品牌品质高低的评价，会直接影响到品牌的市场占有率，以及生存与发展的机率。

品牌联想度（Brand Association）是指消费者通过某一品牌而产生的所有联想，包括品牌的独特性、产品的特征、对消费者的利益、品牌好感度等。这些联想往往能组合出某些意义，形成品牌形象和品牌符号。品牌联想度即是品牌的感知属性，它是让消费者感到品牌满足他们需求的手段，为其提供购买的理由，因此，它是品牌活力和品牌价值的关键

---

1 大卫·艾克：《品牌资产管理——品牌价值的资本化》(*Managing Brand Equity - Capitalizing on the value of a brand name*), 1991。

因素。

品牌忠诚度（Brand Loyality）是消费者在购买决策中表现出来的对某一品牌的偏向性（而非随意的）心理反应。它表现为消费者对品牌的坚持态度或依恋程度，忠诚度一旦树立起来，消费者往往就会拒绝改变。因此，这是一个品牌抵御各种负面因素的能力，比如当产品或服务出现问题时。品牌忠诚度是品牌资产的核心，如果没有消费者的忠诚，品牌只不过是没有价值的商标或符号。

其他品牌专有资产包括品牌拥有的商标、专利等知识产权，品牌方拥有能带来经济效益的资源，比如客户、渠道、管理制度、企业文化、企业形象等。

在艾克的模型体系中，品牌认知度、品牌知名度、品牌联想度以及其他品牌专有资产是建立品牌忠诚度的基础。

艾克的品牌资产模型与品牌生命力

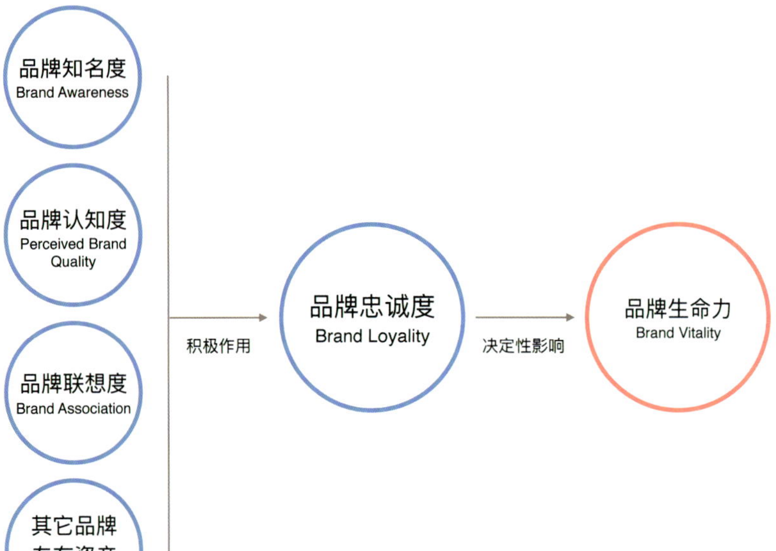

在艾克提出品牌资产模型后不久，凯文·莱恩·凯勒提出了“消费者心智的五维度”。“五维度”包括“品牌意识”“品牌联想”“品牌态度”“品牌依恋”“品牌活动”。[2]

品牌意识（Brand Awareness）可以对应艾克的“品牌知名度”，一定程度上也包含了“品牌认知度”的内容。

品牌联想（Brand Associations）可以对应艾克的“品牌联想度”。

品牌态度（Brand Attitudes）间于“品牌联想度”和“品牌忠诚度”之间，是指消费者根据某品牌的质量和满意度对品牌进行的总体评价，约等于“品牌美誉度”。

品牌依恋（Brand Attachment）可以对应艾克的“品牌忠诚度”。

品牌行动（Brand Activity）是指消费者购买某品牌产品的行为，以及愿意主动传播品牌，比如与他人谈论品牌、向他人推介品牌、主动搜索品牌的相关信息、促销活动及事件。

凯文·莱恩·凯勒的消费者心智五维度
与艾克的品牌资产模型的对应关系

2 凯文·莱恩·凯勒：《战略品牌管理》(*Strategie Brand Management*), 1993。

凯勒的消费者心智五维度存在着明显的层级关系：品牌意识支配着品牌联想，品牌联想带动着品牌态度，品牌态度会延伸至品牌依恋，最终导致品牌行动。当消费者有了广泛和深刻的品牌认知，有了丰富和充满意义的品牌联想，有了积极而带着偏好的品牌态度，有了强烈的品牌依恋感和忠诚度，并会毫不犹豫地采取主动品牌行动时，品牌价值就产生了。

无论是艾克品牌资产模型中的品牌忠诚度，还是凯勒消费者心智维度中的品牌依恋都最终决定了品牌是否具有生存、发展和壮大的生命力。

综合上述理论，课题组决定将一级指标建立在调研人群对杭州历史经典产业品牌从感知到认知再到心智的层级关系基础上，包含了消费者从最初了解品牌到最终产生购买行为甚至愿意主动传播的全过程。此外，创新力将作为一个补充指标，这是历史经典产业品牌在当下及未来要生存和发展所必需考虑的因素。

以下为量化评估杭州历史经典产业"品牌生命力"的七项指标及其定义：

1）**品牌感知度**：品牌外在形象的能见度与强度

2）**品牌认知度**：品牌内在形象的明朗度与吸引力

3）**品牌知名度**：消费者对品牌的记忆和再识别程度

4）**品牌联想度**：消费者对品牌的利益联想和文化联想

5）**品牌美誉度**：消费者、各类官方机构和民间组织、同行对品牌的好感和赞誉

6）**品牌忠诚度**：消费者在购买决策中表现出来的对品牌的偏向性和依恋度

7）**品牌创新力**：品牌能否着眼于未来，能够以创新推动自身发展

3.2 杭州历史经典产业调查问卷的统计与分析

3.2.1 丝绸产业

1）是否会选择购买丝绸产品？

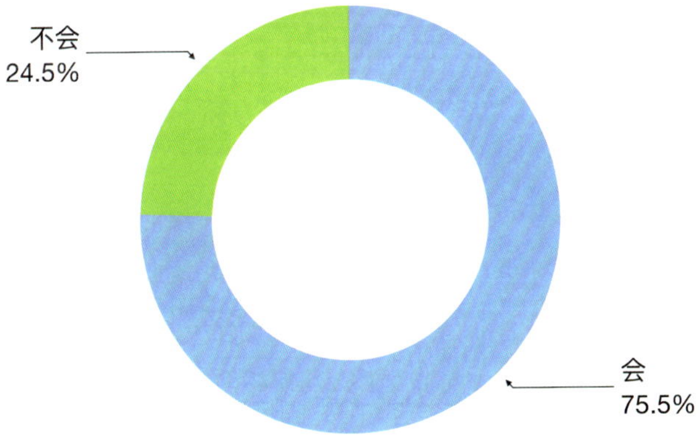

2）购买丝绸产品的主要原因有哪些？

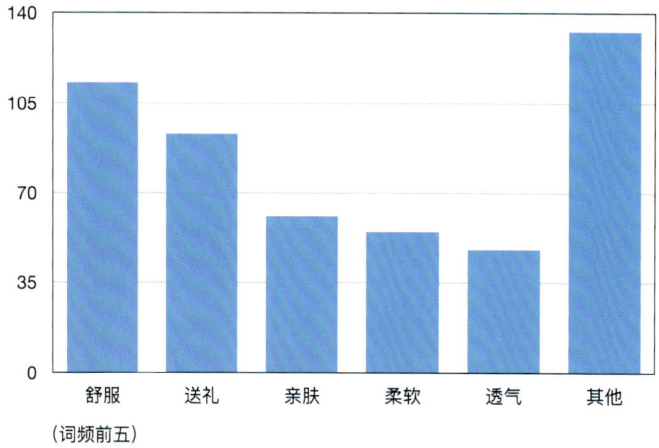

3）是否看好丝绸产业的前景？

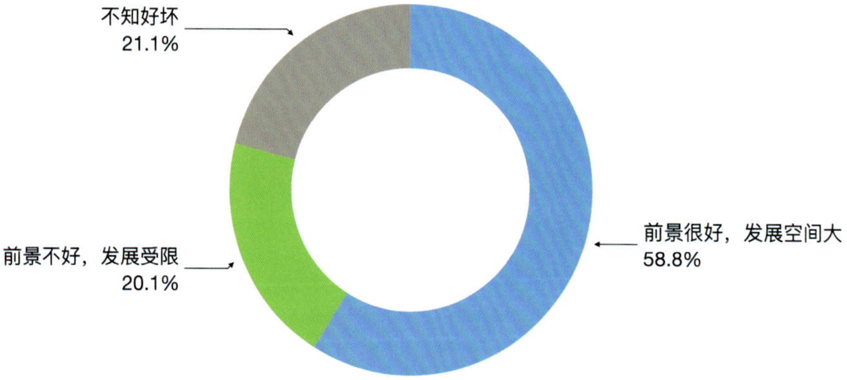

4）说到丝绸，会联想到杭州或中国文化的哪些元素？

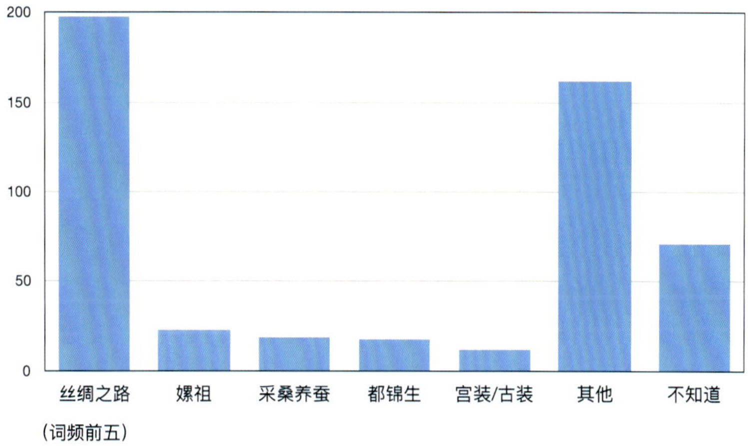

5）所了解的杭州丝绸品牌有哪些？

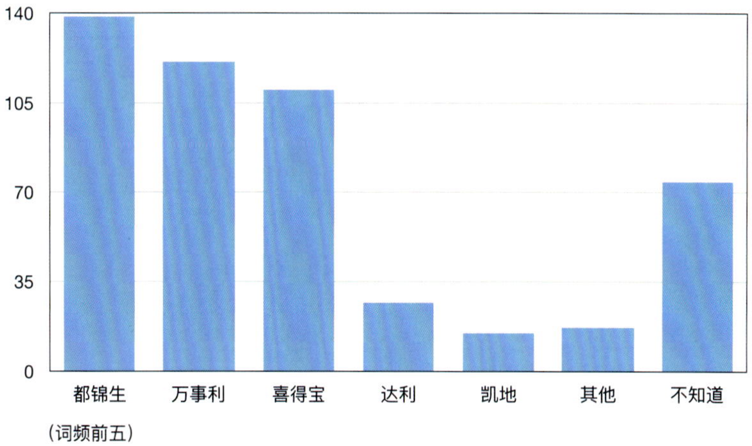

6）所了解的杭州丝绸品牌的渠道有哪些？

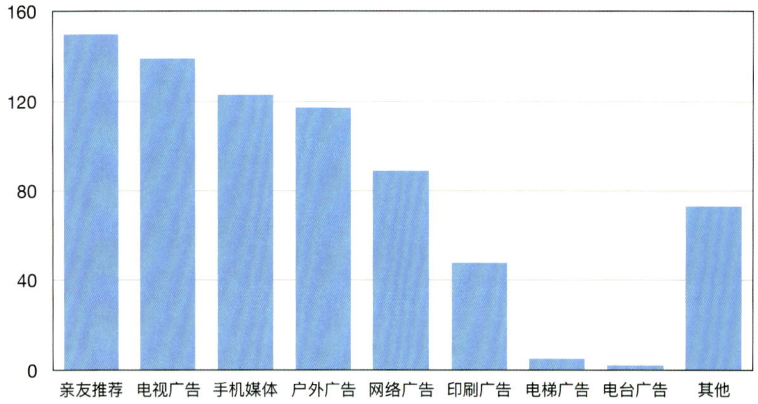

（可多选）

7）购买杭州丝绸品牌产品的主要原因有哪些？

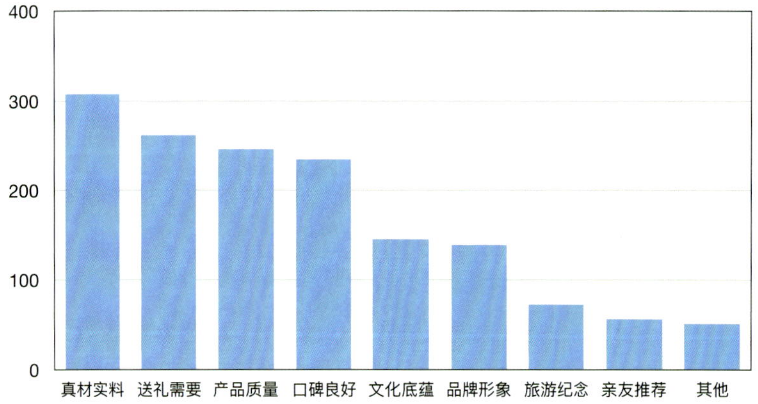

（可多选）

8）购买杭州丝绸品牌产品的渠道有哪些？

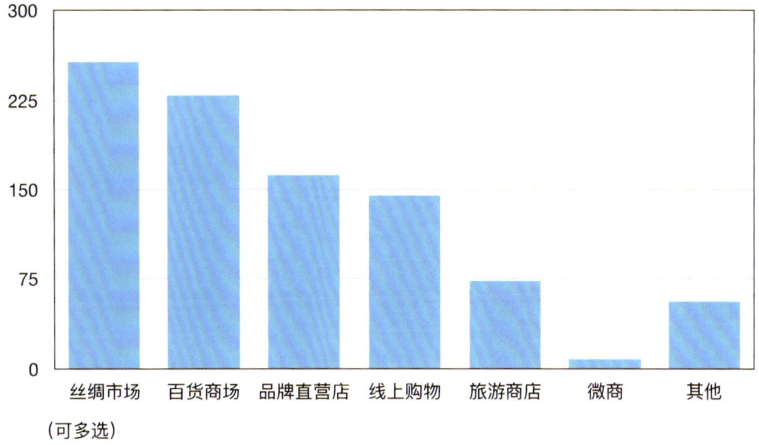

9）认为杭州丝绸品牌存在哪些问题？

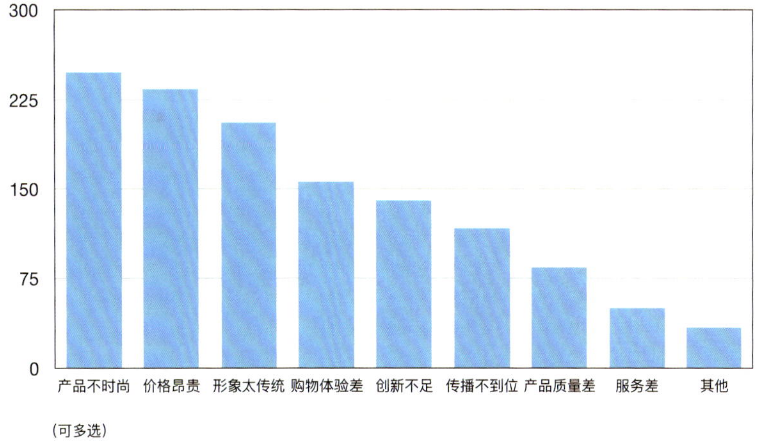

10）希望杭州丝绸品牌在哪些方面做出改进？

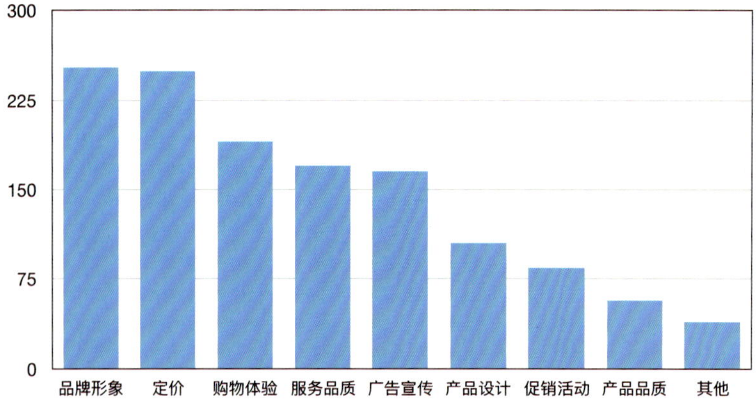

（可多选）

3.2.2 茶产业

1）平时喜爱喝什么？

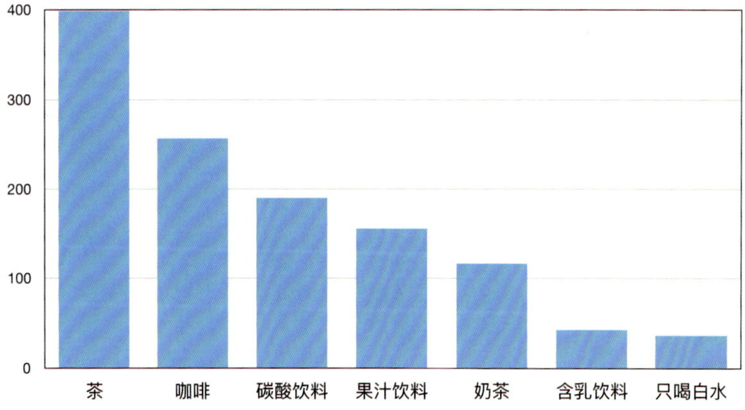

（可多选）

2）喝茶频率是多少?

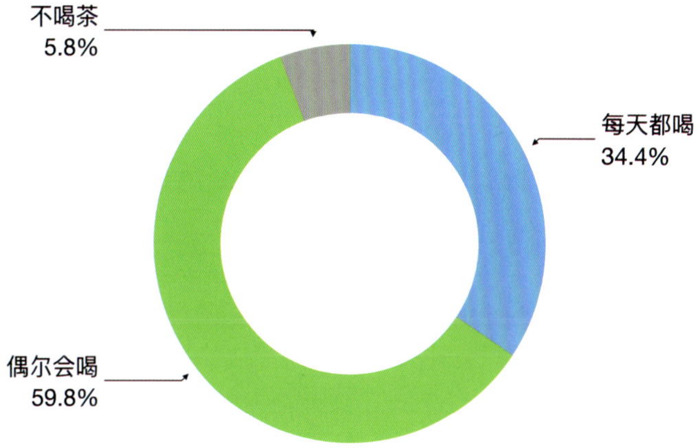

3）是否看好茶产业的前景?

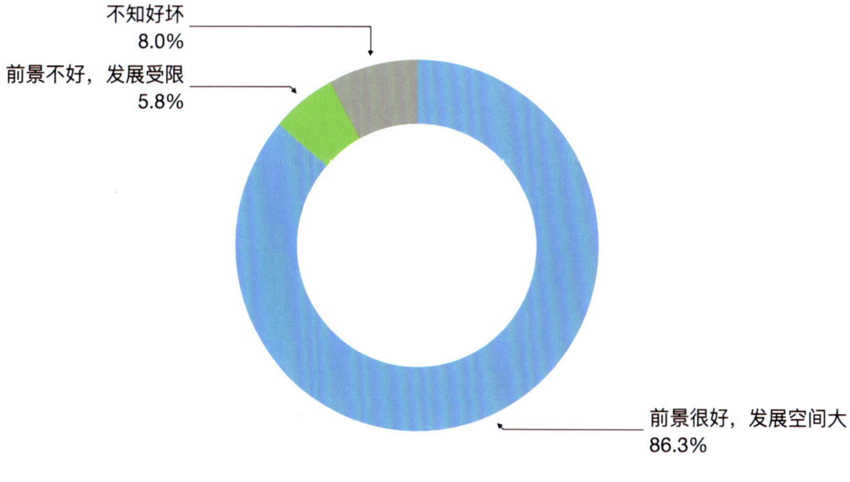

4）说到茶叶，会联想到杭州或中国文化的哪些元素？

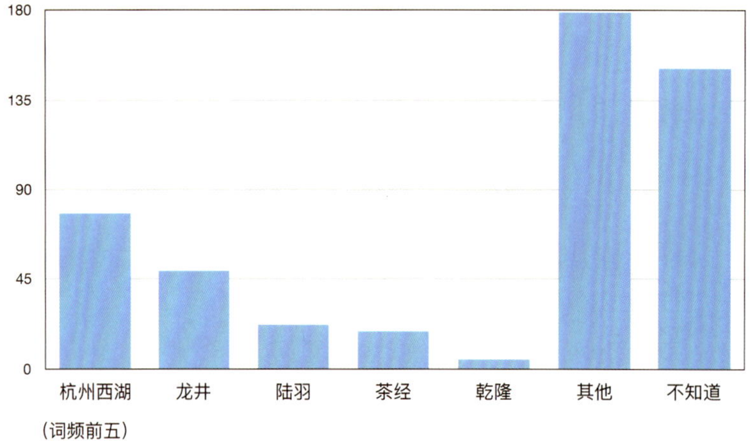

5）说到茶叶，脑海中浮现出的品牌有哪些？

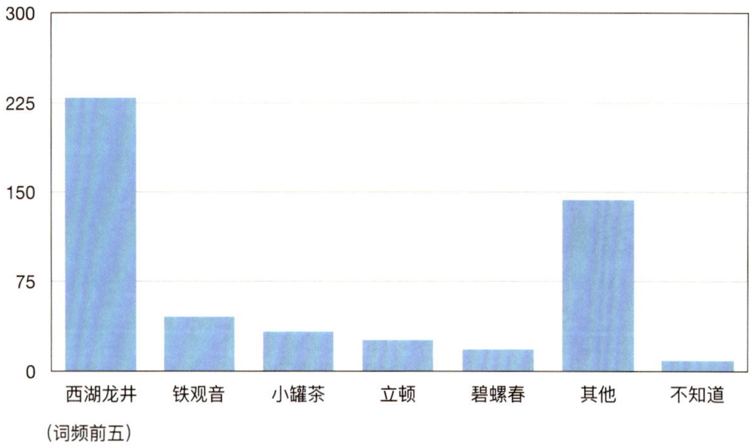

6）了解杭州茶叶品牌的渠道有哪些？

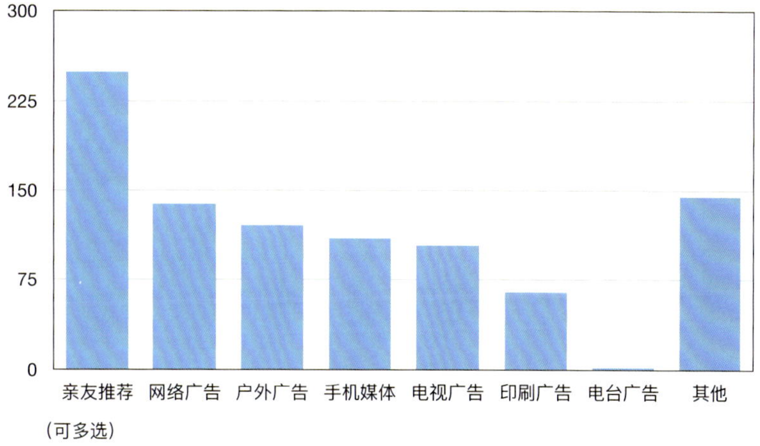

7）购买杭州茶叶品牌产品的主要原因有哪些？

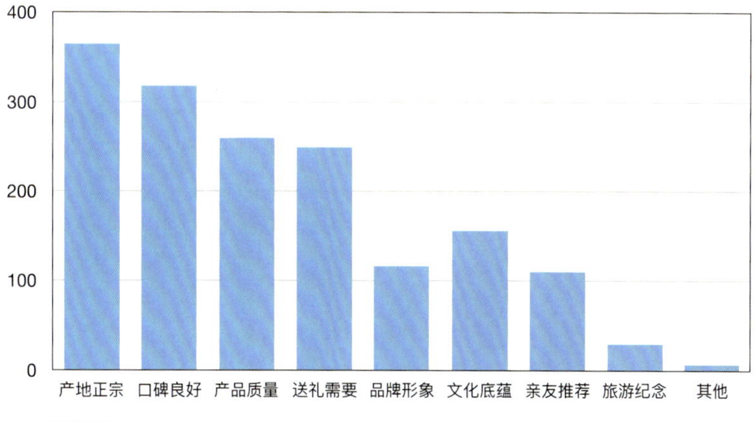

8）购买杭州茶叶产品的渠道有哪些？

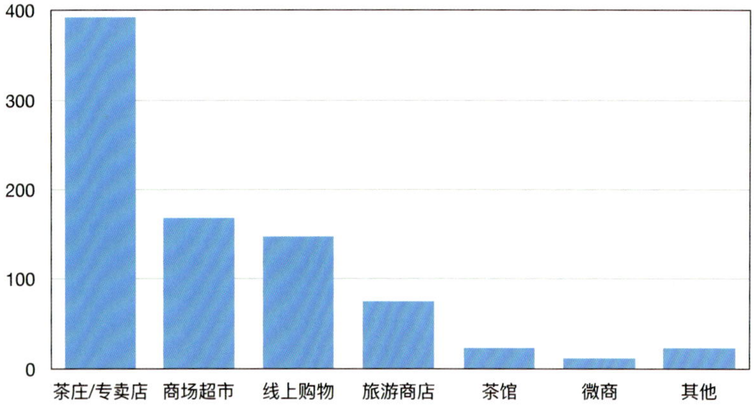

（可多选）

9）认为杭州茶叶品牌存在哪些问题？

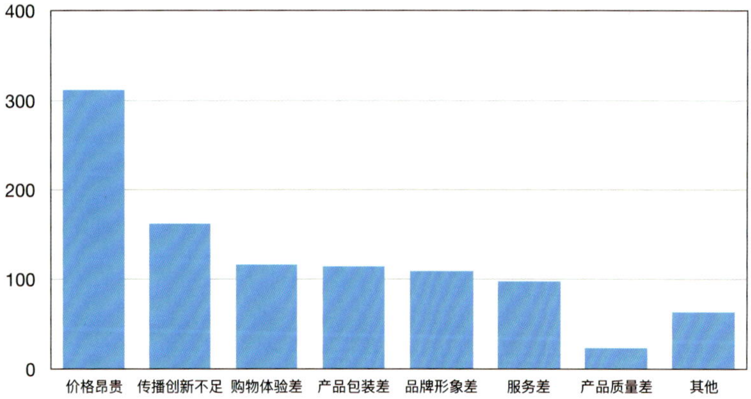

（可多选）

10）希望杭州茶叶品牌在哪些方面做出改进？

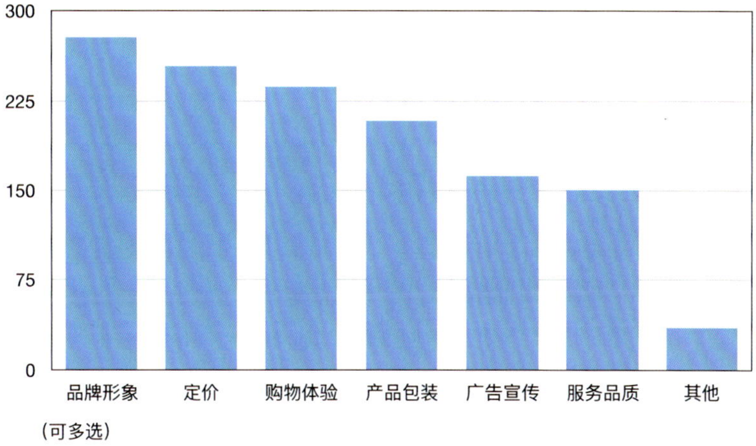

3.2.3 中药产业

1）身体感到不适时，通常会选择服用什么？

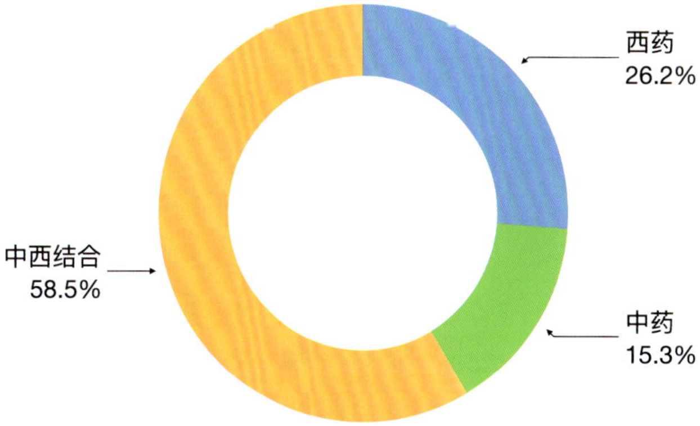

2）选择中药产品的原因有哪些？

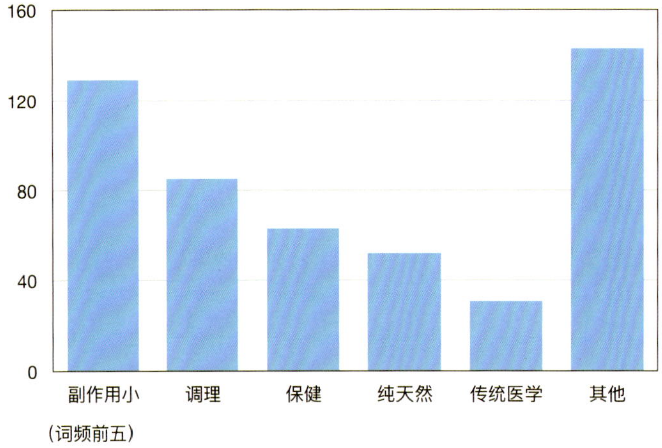

3）是否看好中药产业的前景？

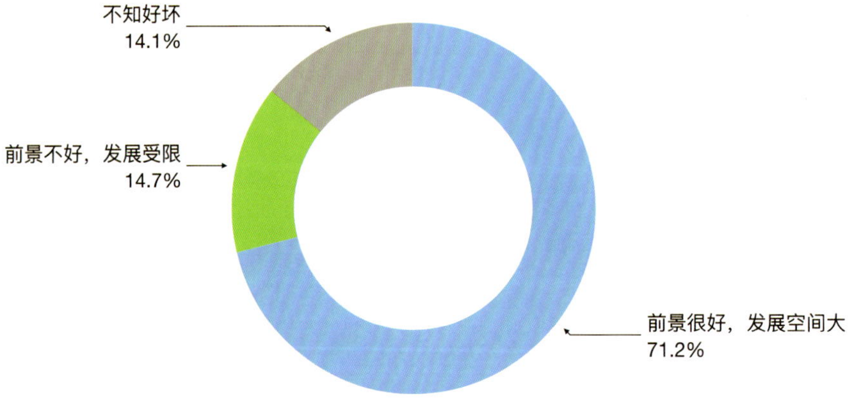

4）说到中药，会联想到杭州或中国文化的哪些元素？

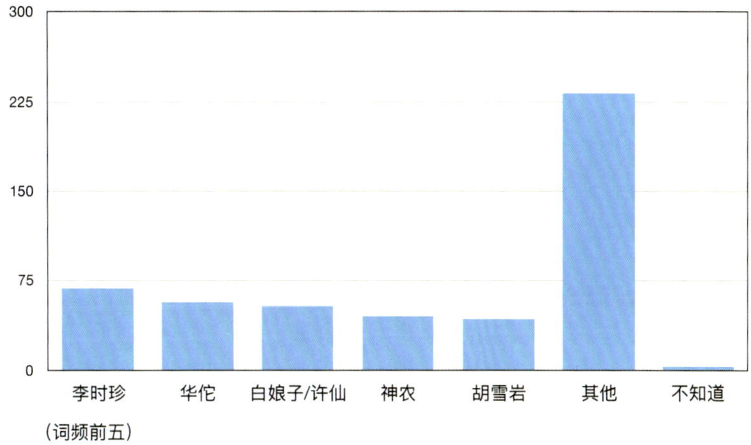

5）所了解的杭州中药（老字号）品牌有哪些？

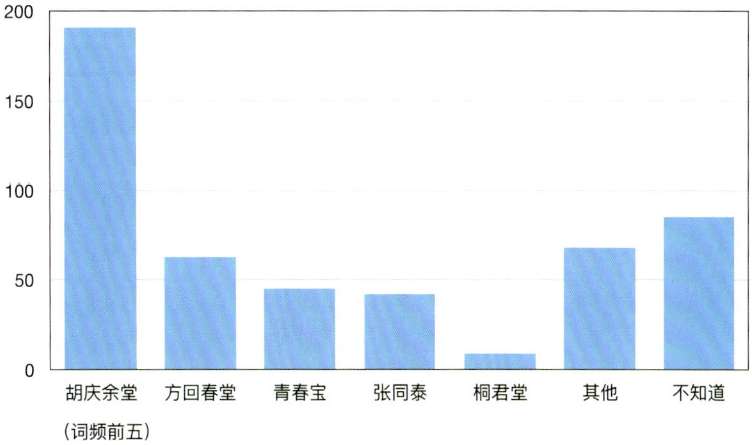

6）了解杭州中药（老字号）品牌的渠道有哪些?

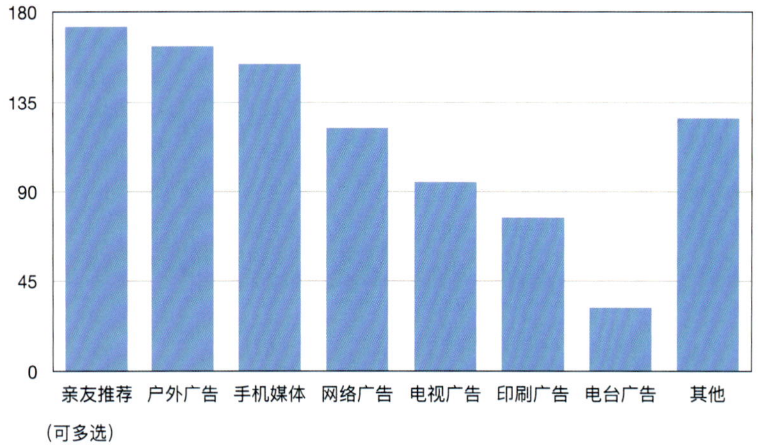

7）购买杭州中药（老字号）品牌产品的主要原因有哪些?

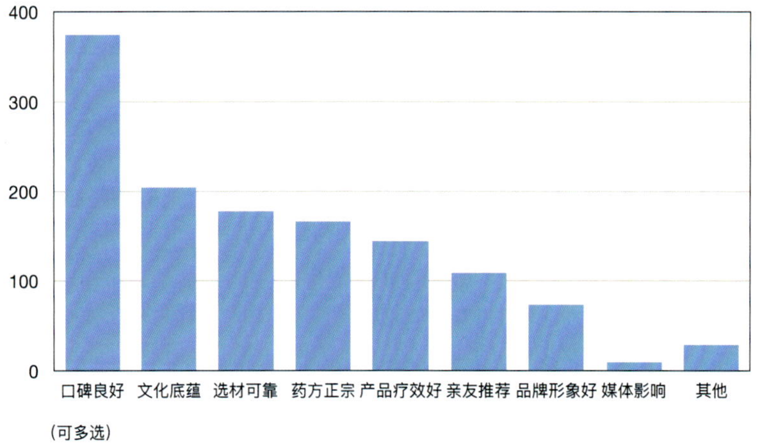

8）购买杭州中药（老字号）品牌产品的渠道有哪些？

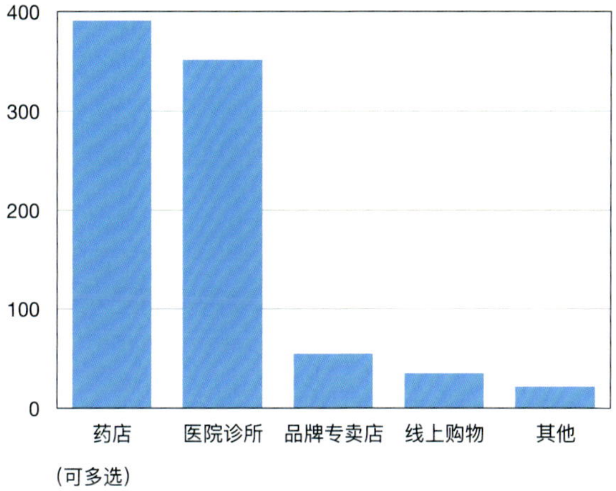

9）认为杭州中药（老字号）品牌存在哪些问题？

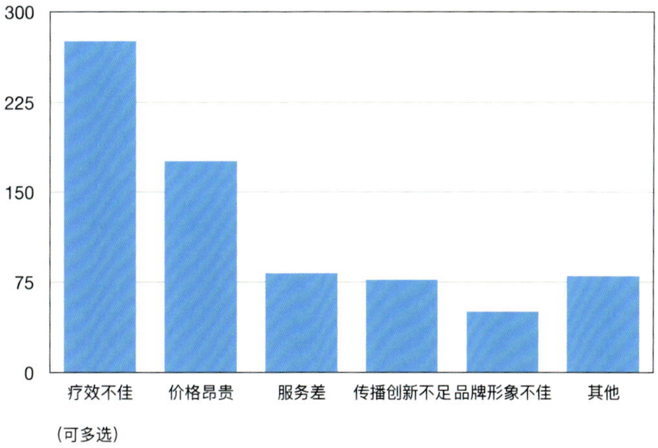

10）希望杭州中药（老字号）品牌在哪些方面作出改进？

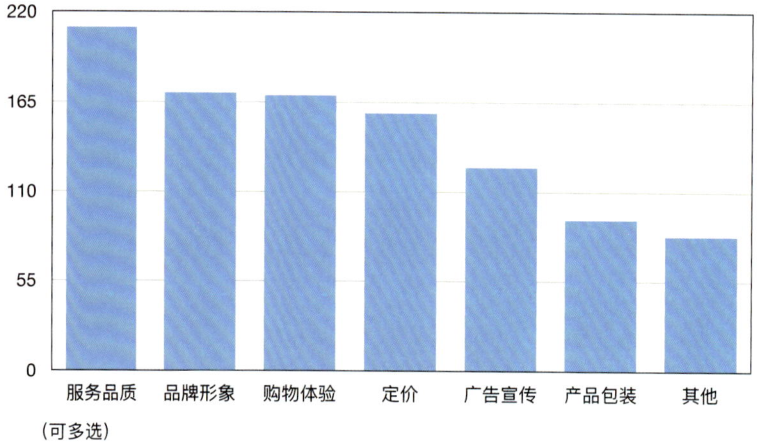

3.2.4 文房产业

1）平时是否写书法或画国画？

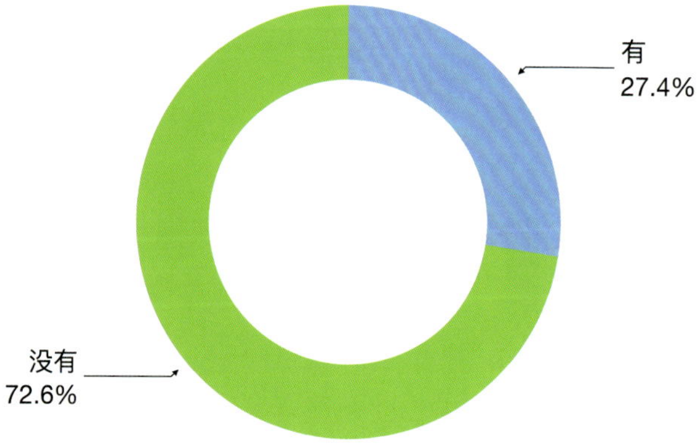

2）是否看好文房产业的前景？

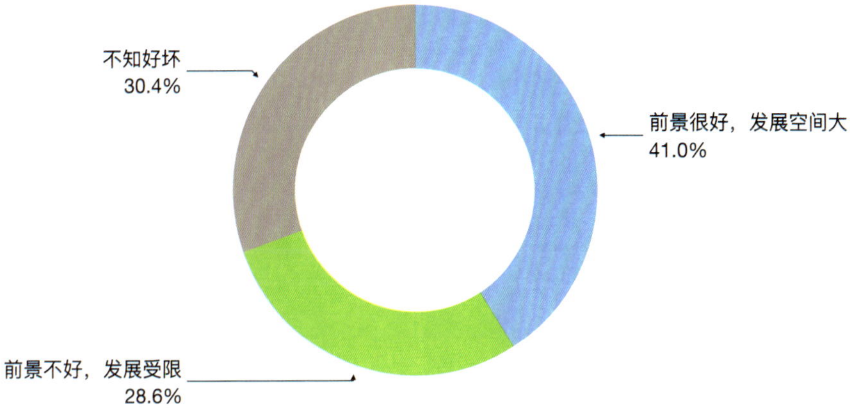

3）说到文房用品，会联想到杭州或中国文化的哪些元素？

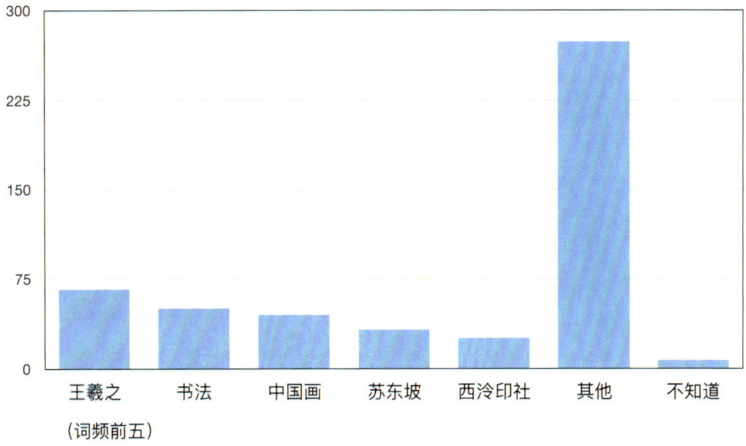

4）了解杭州文房（老字号）品牌的渠道有哪些？

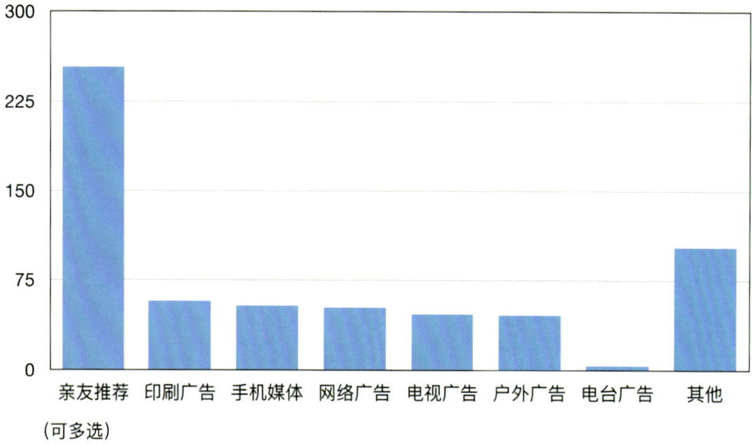

5）购买文房（老字号）品牌产品的主要原因有哪些？

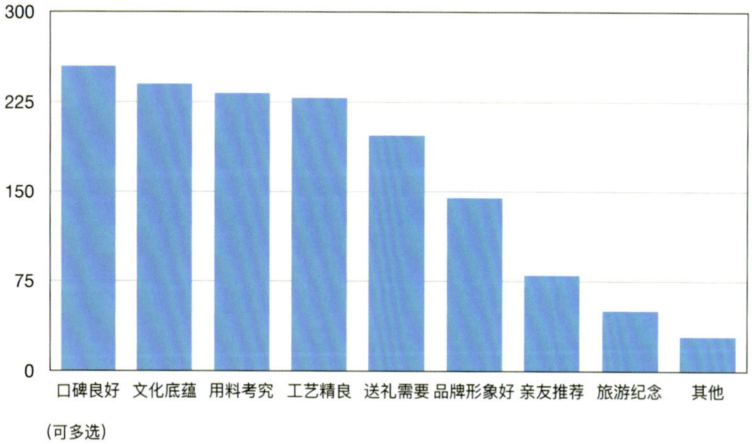

6）购买杭州文房（老字号）品牌产品的渠道有哪些？

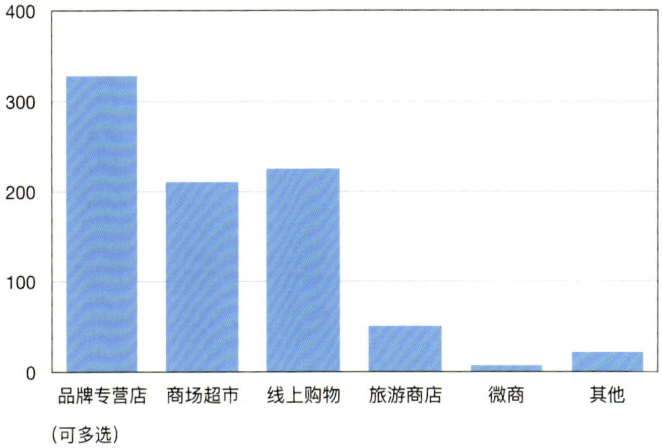

7）认为杭州文房（老字号）品牌存在哪些问题？

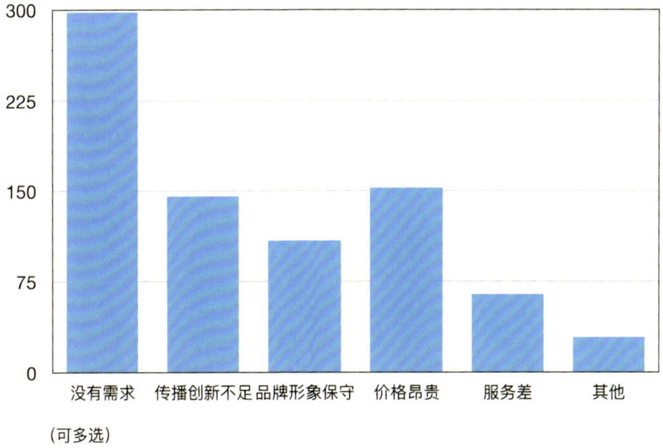

8）希望杭州文房品牌在哪些方面做出改进？

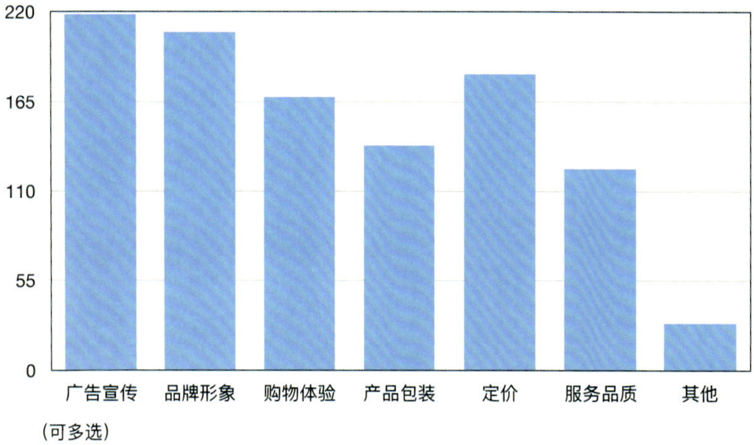

3.3 杭州历史经典产业“品牌生命力”的多维度评估

杭州历史经典产业品牌（老字号）的多维度分析采用定性和定量相结合的方法。评估参与者为课题组全体成员及中国美术学院中德学院“国际品牌传播”专业硕士教育项目部分有一定品牌与市场分析和实践经验的研究生，和部分在品牌领域有实践经验的毕业生，共计15名参评者。

针对四大产业单独品牌（老字号）评估内容包括：

1）品牌形象、产品包装与广告的感知印象

2）使用经验或产品与服务体验

3）知名度

4）能否产生利益联想和文化联想

5）美誉度

6）购买和推荐意愿

7）创新

参评者对应以上七个评估指标，并参照前期调研的基础信息及第二章节的内容，进行独立和主观的评分。

评分规则：参评者对四大产业的每一个单独品牌（老字号）按照10%、15%……85%、90%（每5%一档）独立打分，最低不低于10%，最高不超过90%。计算总分后得出平均百分比。

1）**品牌感知度**(%)：品牌外在形象的能见度与强度。品牌通过视觉形象、产品包装、门店、广告等带给消费者的感官感知和印象。这一部分的评估完全基于参评者在品牌设计与传播领域的专业实践经验，得出主观评价结果。

丝绸产业	都锦生	60
	喜得宝	80
	福兴杭罗	10
	福华鸳鸯	10
茶产业	西湖牌	80
	御牌	45
	翁隆顺	25
	福茂和记	10
	万沐峰	10
中药产业	胡庆余堂	90
	方回春堂	80
	张同泰	65
	朱养心	30
	李宝赢堂	30
	万承志堂	45
	许广和	10
	叶种德堂	10
文房产业	西泠印社	75
	邵芝岩	45
	富泉牌	15
	浣花斋	25
	缘竹坊	10
	大竹元	10
	导岭笔庄	10

2）**品牌认知度**（%）：品牌内在形象的明朗度与吸引力，取决于消费者对产品、服务等的使用体验和综合经验。具体体现为差异化认知与领导力认知，差异化认知取决于该品牌与其他品牌的定位区分；领导力认知可以从产品销售量得知，销量大的可认为领导力认知较强。这一部分需要有使用经验或产品和服务体验的消费者参与，因此，参评者需要考量相应的消费者调研数据。

丝绸产业	都锦生	75
	喜得宝	80
	福兴杭罗	50
	福华鸳鸯	45
茶产业	西湖牌	80
	御牌	65
	翁隆顺	60
	福茂和记	50
	万沐峰	50
中药产业	胡庆余堂	80
	方回春堂	75
	张同泰	70
	朱养心	50
	李宝赢堂	50
	万承志堂	55
	许广和	50
	叶种德堂	50
文房产业	西泠印社	75
	邵芝岩	60
	富泉牌	40
	浣花斋	45
	缘竹坊	40
	大竹元	40
	导岭笔庄	35

3）**品牌知名度**（%）：消费者对品牌的记忆和再识别程度。参评者通过参考消费者对品牌知名与否的基础数据，即可得出结果。

丝绸产业	都锦生	75
	喜得宝	70
	福兴杭罗	15
	福华鸳鸯	10
茶产业	西湖牌	70
	御牌	40
	翁隆顺	35
	福茂和记	10
	万沐峰	10
中药产业	胡庆余堂	90
	方回春堂	80
	张同泰	60
	朱养心	45
	李宝赢堂	35
	万承志堂	55
	许广和	10
	叶种德堂	10
文房产业	西泠印社	80
	邵芝岩	40
	富泉牌	25
	浣花斋	35
	缘竹坊	10
	大竹元	10
	导岭笔庄	10

4）**品牌联想度**（%）：消费者对品牌的利益联想和文化联想，比如，产品在功能性的利益点上是否与其他产品不同，是否能让人联想到该品牌的故事或与品牌相关的符号含义、人物、事件、历史、传说、神话等。参评者通过参考调研得到的品牌联想关键词以及参照网上的评论，可以进行主观评价。

丝绸产业	都锦生	75
	喜得宝	60
	福兴杭罗	30
	福华鸳鸯	20
茶产业	西湖牌	85
	御牌	70
	翁隆顺	40
	福茂和记	10
	万沐峰	10
中药产业	胡庆余堂	90
	方回春堂	75
	张同泰	50
	朱养心	45
	李宝赢堂	35
	万承志堂	45
	许广和	10
	叶种德堂	10
文房产业	西泠印社	90
	邵芝岩	50
	富泉牌	15
	浣花斋	45
	缘竹坊	20
	大竹元	20
	导岭笔庄	10

5）**品牌美誉度**(%)：消费者、各类官方机构和民间组织、同行等对品牌的好感和赞誉。参评者一方面通过参考消费者评论可以获取该指标的基础信息；另一方面参照各类官方认证和奖励，如是否为“中华老字号”、世界级或国家级“非物质文化遗产”、省市级“名牌产品”等，以此为该指标加权。

丝绸产业	都锦生	90
	喜得宝	70
	福兴杭罗	50
	福华鸳鸯	40
茶产业	西湖牌	80
	御牌	65
	翁隆顺	40
	福茂和记	30
	万沐峰	25
中药产业	胡庆余堂	85
	方回春堂	80
	张同泰	75
	朱养心	70
	李宝赢堂	40
	万承志堂	60
	许广和	30
	叶种德堂	30
文房产业	西泠印社	80
	邵芝岩	50
	富泉牌	35
	浣花斋	45
	缘竹坊	25
	大竹元	20
	导岭笔庄	20

6）**品牌忠诚度**（%）：消费者在购买决策中表现出来的对品牌的偏向性和依恋度。具体包括再购买意愿、推荐意愿和溢价意愿。参评者通过分析品牌再购买与主动推荐意愿的调研数据并参考消费者评论、公众号新闻等相关信息，进行主观评价。

丝绸产业	都锦生	55
	喜得宝	80
	福兴杭罗	40
	福华鸳鸯	20
茶产业	西湖牌	75
	御牌	50
	翁隆顺	30
	福茂和记	25
	万沐峰	25
中药产业	胡庆余堂	85
	方回春堂	80
	张同泰	50
	朱养心	25
	李宝赢堂	25
	万承志堂	70
	许广和	25
	叶种德堂	25
文房产业	西泠印社	85
	邵芝岩	55
	富泉牌	30
	浣花斋	30
	缘竹坊	30
	大竹元	25
	导岭笔庄	25

7）**品牌创新力**（%）：品牌能否着眼于未来，能够以创新推动自身发展。具体包括产品创新、营销创新和文化创新。这一部分的评估依据参评者在品牌设计与传播领域的专业实践经验，同时参考来自不同渠道的新闻报道、微博、微信、淘宝/天猫、京东等网络渠道的相关信息，得出主观评价的结果。

丝绸产业	都锦生	50
	喜得宝	75
	福兴杭罗	10
	福华鸳鸯	10
茶产业	西湖牌	60
	御牌	15
	翁隆顺	10
	福茂和记	10
	万沐峰	10
中药产业	胡庆余堂	75
	方回春堂	60
	张同泰	50
	朱养心	10
	李宝赢堂	30
	万承志堂	45
	许广和	15
	叶种德堂	10
文房产业	西泠印社	50
	邵芝岩	15
	富泉牌	20
	浣花斋	25
	缘竹坊	20
	大竹元	15
	导岭笔庄	10

8）**品牌生命力**（%）：品牌在商业生态和文化生态中的活力总指数。依照前面七项指标，进行平均分值计算，得出结果。[1]

丝绸产业	都锦生	69
	喜得宝	74
	福兴杭罗	29
	福华鸳鸯	22
茶产业	西湖牌	76
	御牌	49
	翁隆顺	35
	福茂和记	21
	万沐峰	20
中药产业	胡庆余堂	85
	方回春堂	76
	张同泰	60
	朱养心	39
	李宝赢堂	35
	万承志堂	54
	许广和	21
	叶种德堂	20
文房产业	西泠印社	76
	邵芝岩	45
	富泉牌	26
	浣花斋	35
	缘竹坊	22
	大竹元	20
	导岭笔庄	18

1 这一部分不按照每 5% 一档的评分规则。

4.1 品牌的商业生态与文化生态

品牌生态（Brand Ecology）的概念来自生态学。生态学意义中的生态主要指有机体之间包括有机体与环境之间的相互关联和影响。在自然界中，所有植物、动物和微生物之间，以及它们与生存环境之间都相互影响、相互作用，构成了一个又一个复杂的、具有动态平衡特性的生态系统。安德森（Peter Anderson）等[1]和数学家斯梅尔(Steve Smale)[2]最早借鉴生物进化理论，把经济系统看成是一个进化中的复杂系统，开创了进化经济学研究。摩尔（James Moore）在《竞争的衰亡——商业生态系统时代的领导与战略》[3]中也提出类似的“商业生态系统”的概念。此后，一些学者把生态学和品牌学进行跨学科融合，发展成为品牌生态学。

品牌生态学强调围绕着任一品牌都存在着一个复杂的生态系统。品牌是否具有生命力，是品牌（企业）自身因素和外部环境（经济、商业、社会、文化等）的各种因素之间相互协调、共同发展的结果。品牌生态学是现代品牌管理中较新的理论，通过综合与多维的视角为品牌的创新发展提供了新的思路。

艾克（David Aaker）在《建立强势品牌》[4]中明确提出了基于单个企业品牌系统的“品牌群”概念，将生态学的种群概念引入品牌理论研究。他认为品牌建构的目的并不是鼓励地投资品牌系统，而是发展合理的品牌关系和品牌生态系统，以便能够通过良好的合作带来持久的品牌影响力与品牌价值。美国营销学学者安格尼斯嘉·温克勒（Agnieszka Winkler）在《快速建立品牌——新经济时代的品牌策略》[5]中提出了“品牌生态环境”的概念。她把品牌生态环境定义为一个复杂且不断变化的有

1 Anderson, P., Arrow, K., Pines, D.: *The Economy As An Evolving Complex System*. 1988.

2 Steve Smale. *Dynamics Retrospective: Great Problems, Attempts That Failed*. Physica D51, 1991: 267-273.

3 詹姆斯·摩尔：《竞争的衰亡：商业生态系统时代的领导与战略》. 北京出版社，1999。

4 Aaker, D.: *Building Strong Brands*. Free Press, 1995.

5 安格尼斯嘉·温克勒：《快速建立品牌——新经济时代的品牌策略》. 机械工业出版社，2000。

机组织，由消费者及其他利益相关者和利害关系点，包括品牌触点、售后服务、公司信誉、消费者依赖度、品牌形象代言人等共同组成。温克勒的概念超越了工业时代的品牌思维，可以理解为狭义的品牌生态学理论。在产品为王的时代，品牌被认为是一种象征物，用来代表产品和服务的特质，如形象、功能、价格等。通过品牌，消费者可以对产品和服务进行识别和再识别，产生记忆并触发联想。因此，过去衡量一个品牌是否成功有两个最重要因素，首先是产品和服务本身，要能满足消费者对特定功能的需求；其次是品牌形象，要符合产品和服务的特质，并通过鲜明的外部特征来满足消费者的心理诉求。如果说还有第三个因素，那就是要保持产品品质和品牌形象的统一性与一贯性。

然而，工业时代的品牌思维已不足以应对今天市场的变化。在以经济全球化为基础的新经济时代，企业仅依靠产品和服务本身加上一套品牌形象，或者说仅仅以满足目标消费者需求的方式来维护品牌的生态环境已远远不够。企业必须与更为广泛的利益相关者，包括潜在消费者、竞品消费者、股东、投资伙伴、策略伙伴、联盟伙伴、销售渠道（包括代理商、分销商、零售商、批发商、销售商、电子商务销售商等）、传播渠道（包括广告公司、媒体机构等），乃至竞争对手保持良好的关系。即使品牌本身再好，目标消费者接受度也很高，但其他利益相关者不满意，也会限制其生存和发展。通常消费者会在某品牌产品的使用经验基础上附加自己的理解和想象，从而在品牌的传播过程中拓展其含义。其他利益相关者也一样，当他们主动或被动地与品牌发生关联时，也会为品牌增添正面或负面的含义，从而影响到品牌的方方面面。从这层意义上讲，新经济时代的品牌生态环境已从工业时代的主要利益相关者——消费者和企业内部逐步扩大到了社会的各个层面。

相比其他商业品牌，历史经典产业品牌的生态又有其非常特殊的地方，因为它们不止是商业品牌，更是文化品牌，所以除了上述商业生态环境之外，还必须考虑文化生态环境。只有将商业生态和文化生态结合起来，才是广义的品牌生态。

“文化生态”（Cultural Ecology）这一概念的出现先于品牌生态，由美国人类学家、文化进化论学者斯图尔德（Julian H. Steward）在20

世纪中叶最早提出。1955 年，斯图尔德在《文化变迁理论》(Theory of Culture Change) 中完整阐述了“文化——生态”的适应性理论。他认为文化的发展过程就是文化对自然环境（自然资源）和人文环境（其他文化）的双重适应过程。[6] 斯图尔德借助这一理论解释那些具有不同地方特色的文化形态和模式的起源。该理论经后人发展，形成了文化生态学。今天，文化生态的理论不仅涉及人类文化与自然环境的关系，还拓展到了文化系统内部以及不同文化之间的相互影响和相互制约。

历史经典产业品牌作为文化品牌之所以会在某一特定的地域形成，正是因为它拥有该地区独特的自然资源，如杭州历史经典产业中的丝绸产业依托的是杭嘉湖地区自古以来就十分发达的蚕桑养殖业；茶产业依托的是西湖龙井茶主产地；中药产业依托的是浙江地区的特产草药“浙八味”；富阳竹纸产业依托的是富阳地区丰富的竹资源及水资源等；湖笔产业依托的是杭嘉湖地区独特的山羊品种以及富春江流域独特的竹子品种等。另外，这些历史经典产业之所以能够千百年之久传承下来，也是因为它不断适应社会与人文环境变化的结果。没有一种文化可以完全独立发展，以吴越文化为根基的杭州地方文化如果没有北方中原文化、宁绍地方文化、徽州地方文化以及其他外来文化的滋养，不可能发展成今天的样子。历史经典产业品牌之所以拥有超越商业意义的文化价值，正是因为它们拥有超越商业生态的文化生态。当然，如果从品牌生态的利益相关者角度来讲，它们也会比一般商业品牌涉及到更广泛的社会层面。

无论是商业生态，还是文化生态，都是在不断地变化着。如何实现生态学意义的平衡，需要每一个品牌企业用更为全局的视野来协调生态系统中各部分的相互关系和相互作用，如此才能保持生态环境的良性循环。但从目前来看，很多传统产业的企业所理解的品牌，还只是停留在品名商标、产品包装、店面形象和广告等形式上，或者说仍停留在典型的产品思维上，离品牌新经济时代的思维还有较大的距离，这样的品牌基本忽视了商业生态，也就更不用说文化生态了。

6 Steward, J. H.: *Theory of Culture Change*. University of Illinois Press, 1979: 39-40.

4.2 品牌的商业生态和文化生态维护

真正的品牌存在于包括消费者在内的所有利益相关者心智中，企业只不过是品牌的所有者，品牌能否成功是由全体利益相关者所决定的。既然品牌生态环境中全体利益相关者都会影响品牌的发展，那么品牌所有者就需要重视与每一方的每一处关联，如果仅仅只注意某一些利益相关者而忽视其他，品牌的生态环境就会有缺陷。甚至如果过分强调某一方利益相关者，就可能会造成品牌生态环境的整体恶化。

历史经典产业品牌比普通商业品牌有着更多的利益相关者。因为一旦与文化相关，就会涉及到一个地域的文化主体，而不再仅仅只是商业角度的利益相关者。

问题是，历史经典产业品牌如何才能维护好商业和文化两大生态环境？

首先，必须清楚，文化品牌的商业生态和文化生态之间非但没有矛盾，而且还相辅相成。历史经典产业企业如果只考虑商业生态，而忽略文化生态，就无法长久发展，反之，如果只注重文化生态，而轻视商业生态，也会无法生存。维护文化生态原则上要尊重其文化主体。维护商业生态一方面要尊重商业的游戏规则，另一方面要关注商业的发展趋势。而决定商业发展趋势的主要因素，除了外部条件如经济、技术等的变化，还有消费者的文化心理和生活习俗的变化。这一点，与维护文化生态是完全一致的。

其次，企业在维护品牌生态环境的过程中，要考虑哪些因素会影响商业生态的稳定，哪些因素又会影响文化生态的稳定，任何一方面存在着短板，品牌的整体生态环境就会有缺陷。尤其是涉及到竞争对手的品牌时，不能忘记他们也是品牌生态环境中的利益相关者。只有共同维护好大家都赖以生存的商业生态和文化生态，才能实现共赢的局面。

杭州历史经典产业中有一批历史延续下来的区域公用品牌，如“杭州丝绸”“西湖龙井”“富阳竹纸”“湖州湖笔”等。区域公用品牌一般是由政府或行业协会所推动的，实质上的作用是服务于地方产业，并为相关企业和品牌赋能。因此，每一个区域公用品牌实际上就是一个小的文化生态和商业生态，它们又共同构成了大的文化生态和商业生态。

如果某个地方的某个产业拥有一个区域公用品牌，那么维护好它就是首当其冲的事。这不仅仅需要地方政府的努力，更需要每一个企业的支持和投入。相比全球知名的国外区域公用品牌，如法国葡萄酒原产地保护(AOC)品牌的波尔多(Bordeaux)、勃艮第(Burgundy)、香槟(Champagne)，瑞士奶酪原产地保护品牌的埃曼塔尔（Emmental）、格吕耶尔（Le Gruyère）、莱提瓦（L'Etivaz）等，目前我国的许多区域公用品牌都存在着各种各样的问题，主要原因有以下几个方面：1. 标准化质量体系建设不足；2. 缺少市场监管，尤其是产品品质的监管；3. 知识产权保护意识不足，对品牌的保护不到位；4. 缺少在技术和品质上持续提升的驱动力；5. 缺少区域公用品牌整体化的设计、传播与管理；6. 缺乏长远规划和协同发展。这些问题导致了我们的许多区域公用品牌价值提升缓慢，无法带动相关产业的协同发展，从而不断受到其他假冒伪劣产品的侵扰。

维护区域公用品牌需要政府和行业组织研究产业趋势和市场动向，并依此投入建设基础设施，以确保其可持续发展的配套硬件，并建立标准体系和规范措施，落实质量监管和知识产权保护，然后集聚各种资源为整个产业链建立良好的生态。当然，打造区域公用品牌不止是政府和行业组织单方面的事，相关企业乃至全社会的积极参与也十分重要。企业，特别是老字号企业不能只空谈“情怀”，而是要通过自身的品牌和产品来确保区域公用品牌的整体品牌价值、文化内涵、工匠精神等能够传承下去。企业一方面要为消费者提供与区域公用品牌价值相匹配的优质产品，另一方面也需要不断提升自身的品牌价值，在每一个品牌触点上为消费者提供良好的服务和出色的品牌体验。此外，相关企业和全社会要协同发展整个产业链，包括农业经济、旅游服务、文化创意、展览展会、电子商务、媒体传播、职业培训、产业金融等相关领域。

今天的商业生态和文化生态变得日益复杂，历史经典产业必须采取有效的策略，才能赋予品牌更强大和更长久的生命力。维护品牌生态环境的策略有许多，在笔者看来，最重要的有以下几点：

1）了解品牌生态的所有利益相关者

通过绘制品牌的商业和文化生态环境关系图，以及罗列所有利益相关者，可以帮助企业理解品牌的生态关系。在这过程中，企业要广泛征求各方面的意见，从生产者到消费者，从负责市场的营销团队到一线的销售人员，在尽可能全面地找到利益相关者之后，要对其进行评估，找到品牌生态环境中的短板。

2）制定符合商业生态和文化生态的品牌策略

由于在品牌生态环境中有许多利益相关者，只有制定好相关策略，包括品牌愿景、品牌使命、品牌核心价值、市场定位、产品定位、品牌形象、广告形式和媒体渠道等，利益相关者才能理解企业的品牌计划和所追求的目标，才能采取适当的方式方法来支持和配合企业的品牌行为。

3）为品牌生态建立一个开放式、可交流的平台

商业生态需要交流，文化生态更需要交流，交流平台可以理解为品牌的策略沟通系统，它的组成不应局限于企业的市场营销人员和媒体广告人员，也要包括品牌生态环境中其他相关人员。今天这个时代，只有通过更多元的交流，才能真正理解市场的需求，才能为品牌文化提供更广阔的传播舞台。

4）扩大合作伙伴，形成品牌的商业生态和文化生态联盟

扩大合作伙伴，不仅仅为了谋求商业上的共赢，对于历史经典产业品牌来讲，更是一个文化共建的过程，因为文化建设绝不是靠一己之力可以实现，需要更多志同道合者的努力和更广泛的社会共识，当然也离不开政府自上而下的扶持。

5）强化品牌的设计，包括品牌和企业的形象设计、产品包装设计、广告设计、服务设计、体验设计等。

近年来，“故宫”文创品牌的兴起，对历史经典产业品牌来说，起到了非常好的引领作用。全方位强化设计，为消费者带来独特的品牌体验，并通过良好的品牌用户体验传达和发扬历史经典产业品牌的传统内涵。

4.3 杭州历史经典产业及其品牌的生态现状

时代在发展，尽管历史经典产业饱含着深厚的传统文化内涵并寄托着许多人的情感，它们中的大多数还是会因为商业生态和文化生态的变化，尤其是产业本身的老化而面临生态危机。从宏观面来讲，导致历史经典产业生态危机的主要原因有以下几方面：

1）在工业文明席卷全球、科技发展势不可挡的大背景下，新技术、新材料和新工艺越来越快地涌现，并被广泛应用，导致各种新兴产业的崛起，新产品层出不穷并快速迭代，从而对传统产业包括传统市场的空间形成了全面挤压。

2）随着老一代消费群体逐渐退出，成长在现代生活环境下并习惯了现代生活方式的年轻人成了消费市场的主力。当然，不是说他们完全排斥传统的产品，但现代生活环境和现代生活方式导致他们与绝大多数传统文化和事物之间都失去了触点。如果连日常生活中的触点都没有，他们自然而然就会与传统文化渐行渐远。而失去了主力消费群体的传统产业也就很难不失去市场和被边缘化。

3）新兴产业借助互联网和大数据不断进化出新的商业模式和管理模式，让相对保守的传统产业捉襟见肘。

4）在经济全球化时代，国际市场竞争不断波及国内市场，加上国内同行间的竞争也日益升级，导致传统产业的商业生态进一步恶化。

5）尽管国家和地方政府出于保护文化传统的目的，对传统产业的支持力度在不断加大，但国际包括国内的资本市场普遍倾向于更具未来前景的新兴产业和高科技产品。

杭州的历史经典产业，得益于这座城市得天独厚的历史文化背景和社会经济环境，以及产品自身的品质水准和众多优秀的老字号，总体上讲发展到今天依然保持着较好的态势。尤其是在茶、丝绸和中药这三大传统产业中，杭州拥有许多知名老字号品牌和一大批实力雄厚的新生代企业，拥有非常扎实的产业基础、比较现代的企业理念和相对而言与时俱进的革新意识。杭州历史经典产业在品牌方面的最大优势是从整体上形成了一些全国闻名的区域公用品牌，如拥有国家“地理标志商标”的“西湖龙井茶”和“杭州丝绸”，以及以胡庆余堂为代表的“杭州中医药文化”等，再加上浙江省、杭州各级政府对历史经典产业的高度重视和大力支持，另外，杭州是全国领先的旅游城市，近年来又发展成为世人瞩目“新一线城市”——这也成为区域公用品牌的知名度的绝对加分项。所有这些都使得杭州历史经典产业及其品牌在国内具有较强的市场竞争力。

然而，拥有这些优势并不意味着杭州历史经典产业及其品牌在将来就没有生态危机，当下所有传统产业在全球化和新经济时代遭遇的问题，其实同样会威胁着它们未来的生存和发展。如果说我们的企业不认识清楚现代社会商业生态和文化生态的变化趋势、因果关系与暗藏的危机，及时进行升级或转型，与时俱进，勇于创新，那么如同第一章节中借助“熵”理论所说明的道理，它们或早或晚都将面临市场的致命打击。

4.3.1 丝绸产业

依托杭嘉湖平原历史悠久的蚕桑养殖业，杭州丝绸产业的规模和发展速度在全国一直都名列前茅，现拥有近千个企业和众多品牌，其中包括都锦生、喜得宝等传统老字号和万事利、凯地、达利等全国知名的丝绸企业和品牌。

中华人民共和国成立后不久，杭州就拥有了像杭丝联这样的全国丝绸产业的龙头企业。作为第一个五年计划的国家重点建设项目，杭丝联成立后不久就发展成为当时我国最大的丝绸印染企业，其工人总数超过万人。

改革开放后，因国家急需外汇，蚕茧生丝和丝绸面料遂成为国家重点支持的出口商品，国内丝绸产业由此迎来了全面繁荣。然而这种繁荣景象到 20 世纪 90 年代便开始回落，当时正值国家经济体制大变革的过渡时期，市场和价格非常混乱，各地区和各个企业之间充斥着恶性竞争。随着丝绸企业的原材料、劳动力等成本不断攀升，以及生产设备与生产技术的滞后、企业管理的薄弱、设计水平的落后，再加上人民币不断升值，国内丝绸产业的低成本优势丧失殆尽。与此同时，印度、土耳其、越南等国家则通过政府投入、吸引外资和更为低廉的劳动力成本，丝绸产业的规模不断扩大，与我国的贸易竞争日趋激烈，于是，整个中国的丝绸产业在出口贸易上遭遇了史无前例的寒流。一直以来以出口为主，内销为辅的杭州丝绸产业也未能幸免。2000年前后，包括杭丝联在内的许多丝绸企业陆续关门破产。近年来，由于中国经济总体形势良好、国内市场活跃等因素，杭州丝绸产业的整体情况有了好转。

除了上述外部原因，丝绸产业的更大危机来自这一传统产业自身。丝绸产业之所以很难像其他行业那样能够形成革命性的进步，能够更多地通过技术手段，大幅度降低生产成本，归根到底是因为它被种桑养蚕的这一千百年来几乎毫无变化的传统农业社会的生产方式所牵制住了，由此直接导致了蚕茧原料成本不断大起大落。企业往往因为难以承受原料价格的波动，陷入困境，这一情况在生产低端产品的丝绸企业中尤为严重。

当某个产业无法获取足够的利润时，寻找替代产品就成了必然选择。于是，真丝织造在全球范围被化纤织造所代替。在现代科技的推动下，合成纤维面料从质感、性能、安全等各个方面都得到了强势发展，于是丝绸产品原先的优势被不断削弱。只有那些拥有先进的管理和营销模式的企业和品牌，才能够很好的生存和继续发展。

从前面的消费者调研来看，虽然丝绸产品有舒适、透气、亲肤，天然等很多优点，但也有易皱、易老化、难洗、难熨等先天缺陷，并且在今天的年轻消费者看来，目前市场上流行的款式和纹样普遍不够时尚，价格却相当昂贵，导致他们无法养成丝绸产品的消费习惯。近年来“快时尚”和“潮牌”的全面流行，更使得新一代消费者与传统丝绸服饰渐行渐远。

除非传统的种桑养蚕模式发生改变，丝绸的织造工艺和其产品的生产技术进一步优化，丝绸产品的服装款式、花色纹样的设计能够有质的提升，或者能够形成具有高溢价权和高附加值的尖端品牌，否则未来的丝绸产业的商业生态难以乐观。

在全球丝绸产品中，法国品牌“爱马仕”（Hermès）的丝巾独树一帜，拥有无可撼动的品牌地位。从第一条爱马仕丝巾诞生起，该品牌每年推出 12 款丝巾产品，每一条丝巾从设计到生产层层把关，需费时 18 个月才得以诞生，汇集了无数精巧绝伦的工艺。爱马仕在设计上十分注重主题内容，要让每一块丝巾，能够讲述一个生动故事。从 1951 年起，爱马仕在其家族第四代传人杜马仕（Robert Dumas）的领导下，采取了每年发行两个系列的营销策略，既有新设计的款式，也将原有经典款式重新配色，将爱马仕丝巾的一贯风格保持下去，并让每一条爱马仕丝巾同艺术品一样，魅力四射且独一无二，成为时尚界的传奇。作为顶级时尚品牌"爱马仕"的成功经验虽不可复制，但其中的一些经验可以被希望走高端路线和强调文化特色的杭州丝绸品牌所学习。

杭州的丝绸产业及其品牌要逆流而上，要在技术上追求进步，设计上不断优化，商业上勇于创新，同时要依托杭州本地的文化优势，以及近年来在电子商务和信息技术上形成的技术优势，讲好品牌故事，做好品牌体验，并以此为基础建立起良好的品牌生态环境。品牌只存在于消费者的心智中，只有在消费者心目中建立起对杭州丝绸品牌更美好的想象，或者说让杭州丝绸品牌与杭州历史文化形成更美好的关联，杭州丝绸品牌在与同行竞争时，才会拥有更独特和强大的品牌优势。

4.3.2 茶产业

从古代的御用贡品到今天的国家级礼品茶，"西湖龙井"在中国名茶系列中一直拥有非常高的地位。2011 年，"西湖龙井"成为国家"地理标志证明"商标，表明它在中国众多茶叶品类中具有突出的地域文化代表性。可以说，杭州茶产业依托"西湖龙井"本身极高的知名度，每年只需依托传统的生产模式和商业模式，通过本地市场和小范围的国内市场渠道就已基本解决了销售问题。当然，在这些巨大的优势背后，并不意味着杭州茶产业及其品牌就不存在生态危机。

茶产业是典型的农业经济，茶叶的质量和产量严重依赖于土地和气候。同时茶产业又是劳动密集性产业，茶叶企业的生产技术水平普遍不高，创新能力更是普遍不足。这些问题，杭州的茶叶企业也不例外。

虽然早已有人提出茶产业的工业标准化，但直到今天，这仍然是中国茶产业的软肋。全球最大的茶叶品牌是英国的“立顿”(Lipton)。英国自己不产茶，却能够把茶品牌做到世界第一，关键就在于他们把茶叶从农业产品变成了工业产品，而工业产品的核心就是标准化体系和规模化生产。在标准化和规模化的基础上，该品牌还十分注重产品特色和品牌形象，以适应消费者的不同需求。比如，“立顿”会针对不同消费人群、不同国家和地区推出不同产品，现已形成了可覆盖整个市场的全系列产品，形成了强大的市场竞争力和品牌领导力。

茶产业生产和消费的地域特征十分明显，这既是它的优势，同时也是它的局限。现在全国的产茶地区，几乎每个省都有数个区域公共品牌，茶企和茶农的小品牌更是数不胜数。“西湖龙井”作为杭州茶产业的地方特色品牌，从全国范围来看，实际上深陷于品牌竞争与贸易地方保护主义的大包围圈之中。尽管守住自己的阵地虽不难，向外求拓展却并不容易。

“西湖龙井”从本质上讲，是一个由国家和地方政府长期培育而成的区域公共品牌。“西湖龙井”在国内的品牌知名度无容置疑，从前面的调研数据来看，几乎无人不晓，但与此形成巨大反差的是，杭州的茶企和茶农自主运营品牌的知名度和市场影响力却普遍不足。杭州茶企的数量虽多，但固守于传统的生产模式，现代化程度普遍不高，新产品研发能力普遍较弱，并且多数处于小规模生产和分散经营的阶段，产品主要依靠称重散装销售。大多数茶企虽有自己的商标，但普遍缺乏品牌意识，围绕着品牌推广和市场营销的创新能力也相对薄弱。因此，根本无法形成足以匹配“西湖龙井”的品牌力，更不用说超越了。

可以说，有名茶，无名牌；只有区域公共品牌，鲜有突出的企业品牌和产品品牌是当下杭州茶产业摆在眼前的首要难题。此外，杭州茶产业的问题就是难以形成像“立顿”那样的标准化、规模化的工业体系。

直到今天，杭州的一些茶企和茶农甚至还在做着一些与品牌生态维护相悖的事，以至于各自为营、同室操戈。前面提到，品牌生态环境中各利益相关者都影响着品牌的发展，如果忽视某些利益相关者，就会造成品牌生态环境的整体恶化，利益相关者中甚至包括竞争对手。但很多杭州的茶企过于依赖地域品牌，喜欢标榜自己是正宗的“西湖龙井”，似乎其他商家都是假冒伪劣，由此导致的无序化和低层次竞争使不知情的消费者在购买“西湖龙井”时缺乏依据和方向，这样就等于给了假冒伪劣产品可乘之机。

杭州的茶产业及其品牌要发展，从大处可以借鉴英国“立顿”的工业化和全球化之路，从小处可以学习近年来在市场上异军突起的国内“潮牌”——“小罐茶”。“小罐茶”诞生于传统文化复兴和国内消费升级的大背景，其品牌所有者北京小罐茶业有限公司创立于2014年，仅有五年历史，却是一家用深谙体验经济，熟练运用互联网思维和品牌化经营的现代茶商。小罐茶依托创新理念，以极具创造性的手法整合了中国茶产业的部分优势资源，联合了六大茶类的八位制茶大师，坚持原产地原料、坚持大师工艺、大师监制，并利用小罐保鲜技术，打造出了一个中国茶产业的代表性现代品牌。真正做到了既有名茶，又有名牌，因此，深受年轻一代消费者的推崇。

杭州茶产业企业在今天必须要转换思维，用年轻消费者喜爱的产品设计和品牌传播方式去赢得市场的认同。从调研中不难发现，不是现在的人不爱喝茶了，而是茶产业原先的模式真的老了，没有跟上市场的变化。在传统茶产业逐渐式微之时，有人已经开始尝试改变，以新、奇、潮为特色的奶茶市场的异军突起便是例证。2019年春季，天猫新文创与苏州博物馆的跨界合作项目“你好，苏州博物馆”，以传统文化IP，如明代苏州“四大才子”为包括“西湖茶业”“卢正浩”“艺福堂”在内多家杭州茶叶品牌以及国内其他茶叶品牌代言，通过现代年轻人喜闻乐见的网络营销方式和新颖的产品包装形式助力传统茶业市场。当然，这样的传播方式虽然新颖，却并非没有问题。在笔者看来，杭州的茶产业和茶品牌更应该利用好杭州本地的文化资源，只有这样才能形成生态文化角度的共赢局面。

4.3.3 中药产业

杭州依托浙江省丰富的药材资源和悠久的中医药传统，自古以来树立了许许多多著名的老字号。这些老字号由于讲究药品质量、货真价实、善于经营，因此得以历久而不衰。然而，如果我们从当前中药产业整体的发展现状来看，却并不容过分乐观。2019年3月4日，在医药界人大代表政协委员座谈会上，杭州康恩贝集团董事长胡季强就指出了当前中药产业的一系列问题：首先，中药在临床治疗领域地位的不断下降，由此导致中药行业遭遇断崖式下跌；其次，中医药评价体系迟迟没有出台，而现在的中药评价体系、注册审评制度并不符合中医药理论，反而成了中药创新和技术进步的羁绊；再者，随着我国的药品审评制度逐渐向国际标准并轨，与传统中医药理论渐行渐远。也就是说，审评标准的“西化”让中药的新药研发陷入了进退两难的困境。胡季强还指出，以上这些困难和危机已经严重影响到了中医药在医疗临床治疗中的价值地位，以及中医药在百姓心中的认知与地位，从而影响了中医药的传承和发展。

近年来，中药产业还面临着药材资源日渐枯竭、原材料质量逐年下降、假冒伪劣药材横行、同业恶性竞争加剧等问题。更严峻的现实是，很多患者，尤其是年轻患者不再像他们的祖辈和父母辈那样信任中医和中药了。这种不信任来源于以下事实：

1）中药市场放开后，药材变成了“农副产品”

如今，药材种植开始由市场价格来引导，而许多急功近利的药农见哪种价格高就种哪种，见哪种长得最大最快就用哪种。

2）中药材在人工种植过程中农药、化肥使用不当

虽然农药、化肥可以使中药材有效对抗病虫害和大幅缩短生产周期，但也导致了中药材中的农药化肥残料超标或毒性残留，再加上环境污染的普遍性问题，也对中药材造成了直接或间接的损害。

3）中药本身的毒副作用被不断质疑

过去被老百姓认为无毒副作用的中药成分近年来被国内外一些机构检查出含有毒素和致癌物。

4）许多不良药企偷工减料或弄虚作假

比如，药材被人为掺杂作假，造成疗效不实。又比如，为了让饮片色泽好看，延长保质期，让霉变药材焕然一新，采取打硫磺之类的恶劣手段。

5）中药材的采集、加工、炮制、储藏的规范逐渐丧失

过去的老中医，每一味药都要经过精心调制，而现在不少药企为了经济效益，没有严格规范生产流程。

除此之外，对整个中药产业的生态带来最大威胁的还是西方现代医

学的不断进步和传统医药的发展停滞，而日趋严重的中医西化问题，也让中药的声誉严重受损。

当然，中药产业在危机之下其实依然存在着巨大的市场机会。本课题组通过调研发现，随着生活水平的日益提高，越来越多的中国人对自身健康有了更高品质的追求，具有保健功能的部分中药材作为天然制品对于很多人而言有着化学制剂难以比拟的吸引力，而这正是中药企业从医药行业向健康行业转型的一大良机。从草药和天然植物中萃取多种有效成份配制成膳食补充产品，无论在国内还是国外一直都有着巨大的市场空间。而国外优秀的天然保健品和天然食物膳食补充产品品牌，比如德国的Doppelherz、Medicura、Salus等，对于我们的企业而言有许多可以借鉴的地方。尽管近年来，像胡庆余堂、方回春堂，朱养心等杭州中药老字号企业在品牌的创新经营上也做了许多行之有效的工作，比如品牌形象的优化、网络销售渠道的建设、新产品的研发、服务体验的升级等，但总体上讲，与国外知名品牌的差距还非常明显。

4.3.4 文房产业

在杭州的历史经典产业中，文房产业虽然没有像丝绸、茶叶、中药那样在占据较大的经济比重，但其文化地位不容小觑。依托江南文化名城和传统书画艺术重镇的优势，杭州在文房产业的历史发展中形成了邵芝岩（芝兰图牌）、浣花斋、西泠印社等著名老字号品牌，而富阳地区的传统造纸业，直到今天仍然有着较好的继承和发展。

遗憾的是，文房产业在今天面临的主要问题有两方面，一是它保留了农业社会和手工业时代的产业全部特征，如富阳竹纸依赖于该地区的竹资源，湖笔依赖于杭嘉湖地区特殊的畜牧业（山羊毛）等；二是它保留了传统的家庭作坊式的生产方式，因此效率低下，产品质量参差不齐。课题组在调研过程中还发现，与所有传统手工业面临的问题一样，愿意投身文房产业的年轻人在逐年减少。不少非遗传承人都在感叹，他们的手艺不知道还能不能继续传承下去。

如何让文房四宝这样的传统手工业能够继续发展，国外提供了一些宝贵经验。如日本在1975年颁布了《传统的工艺品振兴法》，对纸笔等制作工艺授予“重要无形文化财产”等名号，并对从业人员设立了一整套奖励机制。徒弟刚开始学徒时，国家不仅会给予一定的补贴，对师傅也有一定的奖励。

和其他历史经典产业相比，文房产业在当下的生态危机更为显而易见。从近代起至今百余年间，中国人的书写方式和阅读习惯已发生了彻底的改变。“文房四宝”早已不再是中国人日常工作、学习的重要物品。它们的价值，现在更多只能通过书画艺术的方式得以体现。而作为传统文化艺术的高雅表现形式，“文房四宝”其实从来都不是人们日常生活的普及用品。它们对使用者文化素质的高要求，在很大程度上限制了普通大众使用它们的可能性。随着现代化进程的加快，“文房四宝”与普通人的距离越来越遥远，这不仅体现在实际应用上，也体现在了文化心理层面。今天的绝大多数人根本不会使用笔墨纸砚，对古代文人书写汉字时的那种优雅含蓄的感觉已没有了直接的体验，可以说，中国传统文化的部分精华也随着“文房四宝”的没落而逐渐消散。而现代制笔、造纸和印刷业的崛起，更是将文房产业逼至了越来越小的规模。今天，放眼整个中国的文房产业，也只有两家具有一定规模的企业：上海周虎臣曹素功笔墨有限公司和安徽的中国宣纸集团公司，其他企业几乎都在走向衰落。以浙江湖州的善链湖笔厂为例，20世纪80年代初该厂有四百多名员工，现在只剩下不到一百人。人才短缺、技艺传承不下去已成了制约文房产业发展的瓶颈。

数字化时代的来临，让数据、信息和知识的保存方式以及信息交流方式发生了翻天覆地的改变。现代人通过计算机输入输出信息，以及他们对电子化阅读、无纸化办公、数字化社交媒体等的习惯养成和彻底依赖，导致文房产业也许在不久的将来就会面临着不转型或不升级即死的局面。

文房产业所面临的生态问题是杭州历史经典产业中最严峻的，因为，它也许已面临着从产业退回到工艺品制作的局面。那么，如何从品牌创新的视角去破解这一难题？可选择的答案并不多——当文房产业无法从生产规模和市场规模上有所拓展时，就必须要走精品化路线，另外，还需要从文化创意的角度进行品牌的突围和产品功能的转换。

五、杭州历史经典产业品牌振兴战略

今天，许多历史经典产业品牌在消费市场上光彩渐暗，消费者对它们的感情既复杂又矛盾，一方面有着好感与眷恋，认为它们代表着货真价实的产品、值得信赖的服务和历史悠久的文化，但另一方面又觉得它们保守和过时，从产品外观到品牌形象都显得老旧，跟不上时代的步伐。事实上，如果我们回顾那些老字号品牌的历史就会发现，它们在过去的时代都曾引领过潮流，都曾是产业中的翘楚、市场上的宠儿。之所以能成为经典，正是因为它们在过去代表了优良的品质、先进的工艺、出色的服务等，从而深受社会大众的喜爱。

今天，杭州历史经典产业的品牌中有一大批被命名为“中华老字号”“浙江老字号”和“杭州老字号”，这是政府和社会对其历史文化价值的肯定。然而，过去的辉煌，就如“老字号”一词中的“老”字，不仅代表了它被历史所证明了的荣誉，也代表了它与今天这个时代的距离感。“老字号”所面临的生态问题，最直白地说，就是面临着被时代抛弃的生存危机。

文化需要保护，经典需要传承，想要继续发展唯有创新，而传承保护与创新发展之间本身就像是矛与盾。因此，我们面对历史经典产业品牌的生态危机时，是坚守传统还是大胆创新，要作出妥善选择，其实非常不容易。

我们都知道，凡事不破不立，但要改变历史经典产业品牌的现状，不是破就可以立，或者说非得破才能立。我们必须避免一时的功利主义心态，为了追求流行、时尚、爆款、网红等而进行彻底的改造，从而破坏历史经典产业品牌原有的基因。也就是说，破不应该是完全颠覆，立也不应该是彻底革新。我们必须要从根本上理解文化进化论的底层逻辑，以创新推动其进化，这才是帮助历史经典产业品牌振兴的关键所在。

和过去的时代不一样，在今天的世界，文化进化可以用“现代性”来作为参照。“现代性”是现代社会发展的本质属性，它基于“现代”这一持

5.1 现代品牌理念与传统价值主张

品牌建设首先需要树立最根本的品牌理念，以此来构建消费者对品牌的感知、认知、记忆和想象的基础。

品牌理念有两种不同的理解，源于 Concept 和 Idea 这两个不同的外语词汇的侧重涵义。Concept 意为“概念”“观念”“构思”，运用于品牌则更多地指品牌企业从市场营销角度的整体构想。而 Idea 这一概念可追溯至柏拉图的“理念学说”。柏拉图认为，理念存在于我们人类感官可感觉的事物之外，是一种超越个别事物的绝对存在。理念不只是抽象的概念，也是一种实在，是个别事物存在的根据和共相。理念之下事物的派生有两种，一是分有，具体事物之所以存在，是因为它们分有了同名的理念；二是模仿，任何事物的存在都是对理念模仿，理念是其原型。因此在柏拉图看来，只有理念才具有最高真实性，所有事物相对于理念，都是非真实的。此外，理念还是事物追求的目的，因为它具有普遍性、完美性、绝对性和永恒不变性。

在一个企业、产品、服务和品牌的大系统中，如果说产品是最物质的东西，那么品牌就是最非物质的。事实上，在这一系统中，品牌作为最“形而上”的存在，也最接近理念。这也是为什么笔者更倾向于用 Idea 来解释什么是品牌理念的原因。一般来讲，品牌理念是指品牌所赋予的价值追求或情感认同。一个具有影响力的品牌理念往往符合某种普世价值或能够得到消费者普遍的情感认同，比如真、善、美、爱、自由、幸福、快乐等，这些抽象的概念都是以理念的形式存在着，人们可以感知到它们，可以去追求它们，也可以在一定程度上接近它们，却永远不可能真正企及。品牌理念本来就应该是企业永远可以去追求，同时又永远可以触动消费者心智的东西。任何具体的事物，或者说任何在一定时间和尺度范围内可以实现或达到的目的，都不是好的品牌理念，因此都不足以驱动品牌走得更远，也都无法支撑起一个品牌长久的价值和内涵。这也是为什么现实中绝大多数成功品牌的理念或核心价值都是“梦想”“快乐”“爱”等这样一些概念的缘由。尽管今天有很多人对此提出了质疑，认为这样的品牌理念太虚或太容易雷同，但在实际应用中，这样的品牌理念往往能得到消费者的普遍认同，如果在此基础上加上企业特质或行业本质，就基本能做到事半功倍，比如德国宝马汽车的品牌理念“Freude am Fahrt”（快乐驾驶）就是由人类普遍追求的“快乐”和汽车的重要属性“驾驶”两个部分组成，简洁明了，从而深入人心。消费者只要想到宝马汽车，就会把它和出类拔萃的驾驶体验划上等号。而国内有不少企业把品牌理念描述成企业的使命、企业家的个人愿景、企业的经营思想等过于具体的内容，则往往变成了企业一厢情愿的表达，从而无法触及消费者的情感诉求，因此对消费者来说，这样的东西几乎是无效的。

品牌理念是企业进行品牌活动的原点，是一切企业行为的参照，它甚至决定了一家企业到底会成为怎样的企业。看似简单的品牌理念可以决定一个商业王国的生与死，这听起来似乎匪夷所思，实际上如果它能够真正转化为一个企业所追求的目标和所坚守的原则，就能够成为推动企业整体发展的动力。我们所熟悉的德国戴姆勒·奔驰汽车公司的品牌理念是“Best or Nothing”，可以理解为该品牌对生产技术、产品质量、服务水平等各个方面的终极追求。正是有了这样的理念，梅赛德斯·奔驰品牌才会在各个方面要求自己精益求精，不断追求完美。

品牌理念在企业的商业实践中具体有以下几方面的作用：

1）凝聚力量：一个明确的品牌理念可以让企业更有依据地配置资源，将全部力量锁定在一个特定目标上。成功的战略往往是能够聚集起己方力量，分散敌人，并打击敌人的薄弱环节。企业只有懂得凝聚力量，才能获得发展的最大动力。

2）指导行为：品牌理念可以成为指导一切企业行为的基本原则，只要符合该指导原则，就可以大胆执行，否则就要慎行。

3）决定状态：品牌理念从精神层面决定了企业、产品和服务的状态与面貌。它一方面决定了企业自身及其产品和服务的意义，另一方面决定了它们将以怎样的方式存在。

4）价值构建：品牌理念是构建品牌核心价值的基础。如果说理念是至高的那个抽象概念，那么品牌核心价值就是其抓手，因此，品牌核心价值可以理解为对品牌理念的具象化表达，是反映企业经营意识的明确的价值体系，同时又能让消费者体察到品牌的独特性和利益点。

品牌理念和品牌核心价值决定了企业、产品、服务的特质，从而从根本上区别于其他企业或竞争对手，这也就为品牌的差异化奠定了基础。

今天的历史经典产业品牌面临着不创新则难以发展的困境，但相对于技术驱动的创新和成本驱动的创新，对其本身文化价值挖掘的创新最具备优先的可行性，因此，历史经典产业企业要在洞察新的消费者需求的基础上提出新的品牌理念和构建新的品牌核心价值。

时代在发展，历史经典产业企业对过去的形式、工艺、技术等可以不必过于纠结，可以尝试革新和走现代化之路，但绝不应该轻易抛弃那些植根在中华民族文化中的传统价值主张，比如“五常”（仁、义、礼、智、信）和“五福”（长寿、富贵、康宁、好德、善终）等，因为它们所具有的普遍有效性、永恒不变性和绝对性足以支撑其成为现代品牌的理念，也足以在当下和未来打动消费者。

杭州的不少中药老字号企业在历史上就是将“五常”“五福”作为其经营之道，比如突出“诚信”和“仁义”等，然而今天却极少再有企业坚持强调这些价值主张，并将其转换成现代品牌理念，然后在产品和服务体系中贯彻实行，不可谓不是一种遗憾。

5.2 品牌想象世界的构建

企业树立起了品牌理念，即建立了基本的价值追求和情感认同。但这只是品牌建设的第一步，下一步需要以此为基础创造一套让企业内部和外部，尤其是消费者可以直观感受的形象。这一形象化的品牌塑造过程不只是设计一个标识、一套色彩系统、一套字体版式系统等外在形象，更重要的是讲好品牌故事。

品牌为什么要讲故事？首先，是为了让消费者对品牌产生联想；其次，是为了在消费者心智中创造一个足以支撑品牌理念与核心价值的想象世界。

任何一个企业在建立品牌时都需要打造一个现实世界和一个想象世界。前者即企业所有的硬件和资源，包括办公空间、厂房、设备、人员、资金，以及采购、物流、销售、服务等体系；后者等同于尤瓦尔·赫拉利在《人类简史》中所说的“想象现实”。赫拉利对此解释道：“‘想象的现实’指的是某件事人人都相信，而且只要这项共同的信念仍然存在，力量就足以影响世界。”[1] 每一个成功品牌背后都有一个被创造出来的想象世界。当然，如果品牌想要拥有足够的影响力，它的想象世界就需要扩展成为某种存在于主体间的意识形态，或者简单地说，占据更多消费者的心智。

相对于那些国际知名品牌，为什么我们的消费者总是不待见自己的品牌？可能最重要的原因就是我们的企业忘记了品牌建设需要进行现实世界和想象世界的双重构建。可以肯定的是，近年来中国在成为世界制造和出口大国的进程中，在技术水平和产品质量等方面已取得了长足的进步，很多中国企业也逐渐拥有了雄厚的资金实力以及先进的营销模式，换句话说，在构建现实世界方面，我们已经拥有了一定的优势。但在构

1 尤瓦尔·赫拉利：《人类简史》（第二版），北京：中信出版社，2017，第 30 页。

建想象世界方面，我们却存在着明显不足。

正如赫拉利所说的“智人发明出了许许多多的想象现实，也因而发展出许许多多的行为模式，而这正是我们所谓‘文化’的主要成分”。[2] 只有构建好想象世界的品牌才具有强大的文化性，才会给人以物质之外的形式感和形式之上的品质感。

如何构建品牌的想象世界？其实道理并不复杂，因为品牌文化建设离不开文化自身的土壤，如同想象世界离不开神话、传说和历史。也就是说，我们品牌文化应从我们自已的文化土壤中去寻探、去挖掘、去再造，而不是去山寨和仿照国外品牌。当然，也不是去简单地仿古复古，一仿即伪，伪文化一旦被剥去外皮，很难不让人产生厌恶。

历史经典产业的品牌大多已具备了深厚的文化底蕴，但如果我们仅仅把它们过去的历史搬出来，显然不足以在现代人心中创造出一个足够美好的想象世界。

创造品牌的想象世界有两个有效的方法，一是讲好品牌故事，二是打造品牌 IP。每一个成功的品牌背后，都有一个好的品牌故事。品牌故事大致有以下几个类型：

1）品牌创始人的故事：任何品牌都有创始人，创业故事总是具有一定的传奇色彩。这也是品牌故事中最通常的题材。

2）品牌或产品品类的历史：任何品牌和产品品类都拥有其发展历史，即可能有很多故事可讲。但是，讲品牌故事需要遵循真实性的原则，即使被传奇化，故事的内核也应该是真实可信的。

3）能够表达品牌个性或态度的故事：如果品牌具有某种独一无二的个性和态度，那么它的品牌故事就需要强化这一点。

4）品牌的地域文化：适用于具有显著地域特色的品牌。杭州历史经典产业品牌就具有独特的地域文化性，因此非常适合从本地区的风土人情和文化特色出发来讲品牌故事。这样做既能让本地消费者产生共鸣，也会让外地消费者产生好奇心，同时会让人觉得该品牌具有文化内涵。

另一种做法是树立 IP。IP 的本意为知识产权（Intellectual Property），但今天，它的含义已变得越来越多元化。腾讯副总裁程武在 2015 年上海电影节上给 IP 的定义是“经过市场验证的可以承载人类情感

---

2 尤瓦尔·赫拉利：《人类简史》（第二版），北京：中信出版社，2017，第 30 页。35.

的符号”，说明了 IP 一方面具有商业价值，另一方面具有文化价值。一个好的 IP 在传播过程中是自带流量的，因为它能够满足社会大众特定的情感诉求。

杭州作为中国南方首屈一指的历史文化和风景旅游名城，拥有丰富的自然和人文景观资源、众多的文化名人，其中有不少全国老百姓耳熟能详的神话、传说和历史人物，这些都可以通过内容的再加工和形式的再设计，转化为品牌 IP，成为连接消费者特定情感诉求的桥梁和某种特定价值观的载体，比如，中药产业可以用“白娘子和许仙”、丝绸产业可以用“蚕花娘子”、茶叶产业可以用“乾隆皇帝”等，不一而足。当然，一个品牌 IP，不管它已经拥有怎样的形象和个性，承载着何种价值观，想要让更多的消费者对其产生情感认同，还是要拓展其能够和品牌发生关联的内容和形式，这就需要我们一方面把故事讲好，另一方面把设计做好。

迪斯尼品牌，梦想世界的创造者

5.3 品牌的差异化战略与定位

全球化时代日益趋同的生产方式和大众需求，表现在产品、服务，包括人们的生活方式和消费观念上，是不断增加的同质化，因此，我们必须更加清晰地认识到，什么都可以同质化，做品牌却不可以！品牌因差异而生，因同质而死，所谓“无差异，不品牌”（be different, or die)。

品牌差异化战略思维由来已久。我们知道，任何企业要生存和发展可依托的无外乎三种战略：成本领先战略、技术领先战略和差异化战略。选择成本领先战略的企业，需要拥有相对低廉的人力成本、土地成本，或者能够在产业链上下游中对某些物质和人力资源形成垄断；选择技术领先战略的企业，需要具备同行业中绝对领先的技术，高科技企业尤为如此。而绝大多数历史经典产业的企业，既缺乏成本优势，也没有技术优势，或者说既不是资源垄断型企业，也不是技术垄断型企业，要生存和发展，必须考虑第三种战略——差异化战略。

差异化战略总体上又可以分为消费者与市场需求的差异化，产品与服务的差异化和品牌差异化三类型。在工业化社会和大量消费时代，品牌的差异化往往等同于产品或品类差异化，但随着大多数产品的不断同质化和市场竞争的日趋激烈化，产品以外的服务差异化和品牌差异化越来越显示出重要性。

品牌如何差异化？首先，企业要从内部树立起品牌的Identity。尽管所有人都知道“品牌形象”，但品牌 Identity 不等于品牌形象。品牌形象所对应的英语概念是 Brand Image。Identity 这个来自西方的词转换成汉语并不容易，多数词典翻译成“身份”“识别”“本体”，意思上多少都有一些偏差。Identity 的拉丁语词源是 idem，大意是“同样的”，但它不是指人或物与他人或他物是同样的，而是指人或物中具有同样特质的“某些东西”，正是这“某些东西”使之区别于其他人或其他物。由此，我们大致上可以给 Identity 一个定义，是指个人、群体、组织、企业、民族等的“独一无二性”，即与其他个人、群体、组织、企业、民族的差异总和。那么品牌的 Identity，就是指品牌的独一无二性，或者说相对于其他品牌而言的差异性，另外，它还包括企业内部思想和行为的一致性。

品牌作为一种符号，就是要让消费者对企业、产品和服务产生有效的记忆、联想和想象。在今天这个信息过剩的时代里，品牌如果没有独一无二的特性和差异化的形式和内容，很难被消费者记住，更不用说会引起消费者购买的联想。

品牌差异化可以通过建立一套于企业内部统一，与企业外部（尤其是竞品）不同的“品牌 Identity”，包括“理念 Identity”（MI）、“行为 Identity”（BI）和“视觉 Identity”（VI）。此外，还需要对品牌进行差异化定位。定位（Positioning）理论最早是由世界营销战略大师杰克·特劳特（Jack Trout）和里斯（Al Ries）提出，今天，该理论已逐渐发展成市场定位、产品定位和品牌定位三块独立而又统一的部分：

1）市场定位：又称目标市场定位或目标消费者定位，即企业对目标市场或目标消费者的选择。在进行目标市场定位前，必须进行特定消费者群体的行为调查，了解他们的生活方式，生活状态、心理需求等，即消费者期望得到什么样的价值满足。消费者定位必须站在消费者的立场上来分析产品的功能、审美、意义等，其目的都是为了找到切中其需求的品牌利益点。也就是说，企业考虑的重点不是产品，而是消费者的利益——除了产品带来的利益外，还有象征意义上的利益和心理学意义的利益。理解后者，才能使企业从产品思维转化为品牌思维。

2）产品定位：需要企业对自己产品，包括服务的核心优势进行分析与提炼，找到其区别于竞争对手品牌的产品和服务的点，来结合目标市场与消费者的需求。从理论上讲，应该先进行市场定位，再进行产品定位。产品定位是目标市场的选择与企业产品和服务结合的过程，就是将市场定位产品化和企业化。

3）品牌定位：区别于前面两种定位，品牌定位是指企业从品牌角度，即从差异性和文化取向出发所作的商业决策。简单地说，就是为品牌确定一个适当和明确的市场位置，使其产品在消费者心智中占领一个特殊的位置，当某种需求出现时，该品牌及产品就会出现在他们的大脑激活域中。

品牌定位的目的是将品牌的核心价值和差异化的个性转化为品牌力和市场力，以满足目标消费者的心理需求并吸引他们购买产品。这其中，品牌的差异化仍然是关键。成功的品牌都具有明显的差异化特征，在有别于竞争对手的同时以始终如一的形式将品牌与消费者的心理需求连接起来，从而在市场上占据一个有利的位置。

在品牌建设过程中，产品定位、市场（消费者）定位和品牌定位三者是紧密相关、密不可分的。

有效的品牌差异化定位可以通过七种途径实现：

1）品牌特性：对能使品牌在市场竞争中脱颖而出的独特属性进行强化。

2）竞争对手：利用竞争对手的品牌特性来找到自我定位，使自己的品牌和对手的品牌形成强烈的反差。

3）利益点：从创造品牌的显著利益点出发，使它拥有与其他品牌不同的吸引消费者的点。

4）等级化：通过将品牌等级化来形成差异性。

5）性价比：强调价值，或强调高质量来形成差异性。

6）品牌用户：强调对该品牌有一定忠诚度的用户群体，如“苹果”或“华为”的使用者。

7）文化符号：将品牌与能被消费者识别和记忆的文化符号连接在一起。

历史经典产业的品牌差异化战略同样可以参照以上七种途径。作为文化品牌，历史经典产业品牌尤其需要强调与包括历史、地域、名人等文化符号的连接，依托文化差异所形成的品牌价值的差异性。也就是说，品牌文化符号的强化是帮助历史经典产业品牌常驻消费者心智的关键。

5.4 集成化设计与整合式营销

“文化首先是一个民族在全部生活表达中艺术风格的统一。”[1] 这是尼采在《不合时宜的考察》中对文化的定义，可以理解为一个地方和民族的文化表达必须具备形式的统一性或者说风格表达上的审美共性，即能够对外彰显出与其它地域和民族文化不同的“文化图像”(Cultural Image)，对内形成强而有力的文化认同并促成本民族的文化团结。比如徽派建筑之所以成为江南文化（浙皖地区）形象的代表，就在于它从整体上具有风格的统一性，而与其他地域文化的建筑风格相比，又别具特色。这就是本文绪论中所讲到的文化的向内求同、向外求异。尽管今天这个时代的人们都在讲多元化和个性化，但这种多元化和个性化受地域性和民族性的影响，依然会具有某种共性。

笔者对杭州历史经典产业品牌提出的“集成化设计”构想正是基于上述文化理论。集成化设计的概念源于“建筑集成设计”（Intergrated Archithecture Design），指以专业化工厂和社会化协作的生产方式，将建筑的各个部件装配集成为完善的产品体系后，再提供给市场。集成化不仅是指硬件的集成，也是指设计方案、材料设备、生产管理方式等的全方位优选集成。

品牌的集成化设计是将一个产业或不同产业下的不同“子品牌”集成在一个“母品牌”之下，从而在主题、风格或形式上形成一个品牌共同体，构成统一的“文化图像”。这就相当于将一座座小冰山合成了一座大冰山，从而获得更大的品牌生命力。从实际操作层面来讲，杭州历史经典产业一旦用集成化设计的方法来整合品牌，就不再是某个产业、某个企业或某个品牌的独立形象识别和个性艺术表达问题，而是需要通过杭州的文

1 Nietzsche, Friedrich: Unzeitgemäße Betrachtung. In: Karl Schlechta (Hg.), *Friedrich Nietzsche, Werke in sechs Bänden*, Bd. 1. München/Wien, 1980, P.140.

化生态系统来统一主题，如通过“西湖文化”“大运河文化”“钱塘江文化”“南宋文化”“江南水乡文化”等，来集成所有入选品牌。这样做的目的，是将各行各业原本零碎分布的品牌感知融合在一个大的文化品牌框架中进行再定义。这一过程，强调的是品牌的整体设计和艺术风格统一性，其成功的关键一方面要使所有子品牌单位形成一种强烈文化共识，并依照上一小节所讲的品牌驱动创新理论，将母品牌的核心价值作为所有创新手段、传播策略和营销战术的“滤镜”，另一方面要从战略定位出发，强化杭州历史经典产业品牌的历史、地理和文化差异性，只有如此，才能够在全球化时代创造出发展的机遇。

必须强调的是，这种集成化设计只是从品牌设计和传播出发的战略合作，绝不意味着要将不同的历史经典产业企业或品牌进行合并。当然，要实现杭州历史经典产业品牌在主题、风格和形式上的统一，需要政府有关部门从杭州文化品牌的理念和核心价值出发进行顶层设计，并通过专业机构论证和做好切实的企业与市场调研，才有可能具体实施。

从品牌传播的角度来讲，将消费者对各个历史经典产业的品牌感知集合在一起，以及将分散在各个不同传播触点的不同品牌的能量集合在一起，在一个重新营造的文化情境中，比如品牌集成店或文化产品集成店，进行整体释放，会产生更为强大的营销功能和传播力度。也就是说，集成化设计不仅能增强文化品牌的传播效应。还可以强化整个文化生态系统。绝大多数历史经典产业品牌和老字号，因为长期缺乏在品牌传播上的资金投入，难以大范围传播，也无法独立开设大型连锁门店，所以更需要聚在一起，通过战略合作、品牌联名、品牌集成店、文化产品集成店等手段来产生规模效应和共赢局面。

与集成化设计相呼应传播策略的就是整合营销传播（Integrated Marketing Communication）。这一概念最早由是舒尔兹（Don Schultz）在 20 世纪 80 年代末提出。他在 1993 年出版的《整合营销传播》[2] 中详细阐述了该理论，其核心思想是与市场营销有关的一切传播活动都要将统一的信息传达给消费者，以“一种形象，一个声音”作为目标。舒尔兹的整合营销传播理论在短时间变引发了新的营销变革，让企业重新审视品

2 Schultz, Don: *Integrated Marketing Communications: Putting It Together And Making It Work*. New York: McGraw-Hill, 1993.

牌的营销传播活动。

简单地说，整合营销传播指的是与市场营销有关的一切传播活动的一元化策略。简单地说，就是把广告、包装、促销活动、公关活动、新闻媒体等一切传播活动都整合在一起，由此将高度统一的品牌形象和产品服务信息传递给目标消费者。整合营销传播也因此被称为"用一个声音说话"（Speak with one voice）的一元化营销传播。

整合营销传播是信息化时代的产物。今天，市场竞争日益激烈，信息传播工具和传播手段越来越多样化，导致信息爆炸和信息过剩的现象日益严重。具体来说，消费者对普通的商业广告已变得熟视无睹，而同时，企业的广告预算又捉襟见肘。而整合营销传播的核心是通过与目标消费者之间的多渠道沟通，来理解他们的真实需求和价值取向，从而确定企业统一的销售策略，协调使用不同的传播手段，发挥不同媒体工具的优势，使企业实现品牌推广和营销宣传的低成本化。

在整合营销传播过程中，所有的营销传播手段和途径都需要相互协调和共同作用，即要对营销传播的时间、地点、形式、内容、工具等进行正确组合。为了达到效率和效益的双重目的，要用最小的花费将传播影响最大化，这就要为此设计无缝链接的营销方案。这是一个策略性的、有效运作的过程，需要经过分析、计划、执行和控制四个步骤实施。[3]

整合营销传播与集成化设计的底层逻辑相同，强调的是协同作用和整体效应，背后的原则即"整体大于部分之和"。

3 菲利普·科特勒：《营销管理：分析、计划、执行和控制》，上海：上海人民出版社，1999。

5.5 数字化思维与传播

自人类社会步入数字化时代以来，媒体与传播的形式日新月异。短短几年，互联网终端已从电脑转变为手机，而人们日常生活中最主要的媒体已从报纸、广播、电视转变为“双微一抖”。在这样的时代背景下，如果今天还有企业抱着“酒香不怕巷子深”之类的传统商业传播思维模式不放，就将被市场彻底遗忘。

今天的媒体传播无论是硬件还是软件都在发生着巨变，总体上讲有以下几个特征：1. 数字化、网络化和移动化；2. 印刷媒体、广播、电视等传统媒体的影响不断减弱，而基于互联网和移动设备的新型数字媒体的影响逐渐增大；3. 人们越来越注重媒体传播的交互性和即时性；4. 媒体传播的中心化，自媒体化成为趋势；5. 人们主动关注媒体，过去只是为了获取信息，现在则更多是为了交流和娱乐，而手机、Pad 等移动媒体设备已经变成了人们自我策划与表演的工具。所有这些变化都要求我们在进行品牌传播的规划和设计时，要运用数字化思维。

无论是数字化思维还是数字化传播，对于绝大多数历史经典产业品牌而言，都需要做出观念和技术上的调整，才能适应这种社会环境和商业环境的巨变。过去的品牌传播主要以印刷媒体和电视广播的广告为主，而近年来网络广告，尤其是手机移动端广告占据了越来越多的份额。可以预见的是，随着数字媒体技术的不断发展和“体验经济”时代、“互联网 +”时代、“物联网”时代的到来，新的数字媒体传播形式和与之相适应的内容将呈几何级数地增长。

数字化时代，品牌传播要遵循数字与信息世界的逻辑和规则。这种逻辑和规则从大体上讲，可分为信息论、控制论和系统论：

1）信息论：数据和信息是用来消除不确定性的。在数据和信息缺乏的情况下，我们很难对未来的状态做主观假设，只有在获得一定量的数据和信息的前提下，我们才能够作出判断并规避风险。

2）控制论，强调根据环境变化进行实时调整——以变应变方能适应生存环境。控制论研究的是有目的的主动行为，由数据和信息输出、输入和反馈过程所构成。

3）系统论：把一切事物理解成系统运作，包括系统内部和外部，系统与系统之间的关系。系统论的基本理论由次序、组织、整体性、目的论等构成，强调局部之优不等于整体之优，或者说，系统整体的功能大于每一个局部功能的总和。

掌握了数字与信息系统的规律，就能够更好地理解以下几点：1. 企业对消费者所传递的信息越准确，市场回报率就越高；2. 企业越理解消费者的需求，越可能开发出消费者所喜爱的产品；3. 新产品的投入需要消费者参与试用和提供反馈意见；4. 做好品牌触点管理，在与用户接触的节点上设置互动环节。数字化时代，企业要生存发展，离不开数据和信息管理和来自消费者的持续反馈，只有如此，企业才能对产品和服务进行不断优化和迭代升级。

数字化时代品牌传播有两大发展趋势，一是细分定向传播逐渐替代大众传播；二是双向、多向的互动式传播逐渐替代单向传播。前者符合今天这个时代目标消费者群体被不断细分和需要更精准定位的要求；后者不仅是因为企业与消费者之间存在信息交流与反馈的需求，还因为在互联网和社交媒体成为人们日常生活文化的重要组成部分之后，人们会更追求自我表达和个性化的交流。

如果说在工业化社会时代，以产品为中心的设计和传播强调的是“形式追随功能”（Form Follows Function），那么到了信息化时代强调的是“形式追随信息”（Form Follows Information）；如果说在成熟型工业社会时代，以品牌为中心的设计和传播强调的是“形式追随故事”（Form Follows Story），那么到了今天的数字化时代和体验经济时代，以用户体验为中心的设计和传播强调的是“形式追随情感”（Form Follows Emotion）。在此前提之下，品牌传播的形式和内容会更注重个性、感性、艺术性，当然还有技术性和目的性，前者即数字化，后者是指与消费者的链接。因此，可交互的数字化传播会以各种各样的形式成为今天和未来品牌传播的主流，如电脑手机 APP、Html5 交互广告、交互海报、可交互屏幕、可交互桌面、可交互镜面、可交互数字橱窗、可交互空间装置、数字媒体墙、使用“虚拟现实”（VR）、“增强现实”（AR）或“混合现实”（MR）技术的沉浸式数字化体验空间等等。

尽管历史经典产业品牌在一些方面必须保留传统性，但在品牌传播上最不应该抱守传统模式，应该勇于接受和大胆尝试使用新的数字媒体和数字化传播手段，找到适合自己产品和服务特点的新颖、时尚和能够为新一代消费者所喜闻乐见的品牌传播形式与内容。

对历史经典产业进行数字化传播时必须要考虑实际情况，应根据不同产业和品牌制定不同的传播策略、选择不同的媒体形式、打造不同的传播内容。当然，每一个经典产业品牌都拥有重要的历史时间维度，而今天的消费者所看到的仅是其整个发展历史的冰山一角，因此，如何还原历史是经典产业品牌建设和品牌传播不能不考虑的一块内容。现阶段可以采用“虚拟现实”或动画影像局部再现历史的情景与风貌，或采用“增强现实”，以数字影像来补充产品信息和销售空间文化内容的缺失。这种商业空间的数字化展示可以让消费者获得真实产品和虚拟场景相结合的视觉感知与情景体验，从而提高历史经典产业品牌的传播力度。

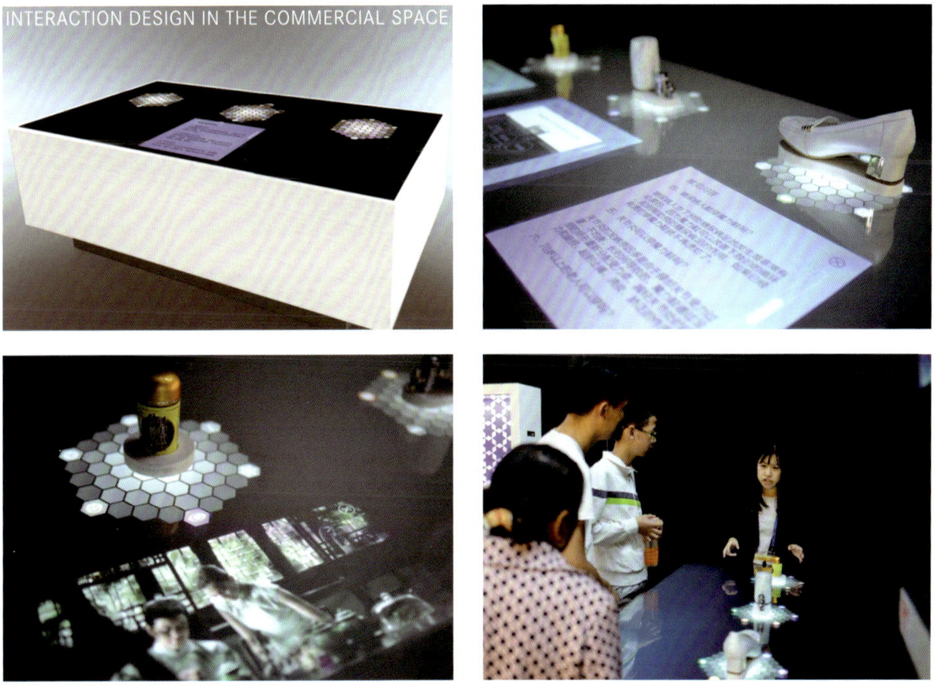

由汪建军、洪澍、艾维薇、谢可人创作的商业空间交互设计作品（商品展陈交互桌）参加“杭州文化创意产业博览会”(2016 年 10 月)

5.6 品牌驱动开放式创新

尽管在今天，每个企业都会意识到创新的重要性，但企业的创新力不足，仍然是阻碍品牌发展的首要问题之一。这在传统产业中尤为突出。在第三章节“品牌生命力”指标评估过程中，我们清楚地发现，杭州历史经典产业的绝大多数老字号在“创新力”一项上评分偏低。阿里巴巴 2018 年 8 月发布的《中华老字号发展现状调查》证实了这种状况。该调查显示，71% 的被调查者认为，老字号品牌“产品老旧、创新力不足、无法吸引年轻消费者”。

2017 年 2 月，国际商务部等 16 部门发布了《关于促进老字号改革创新发展的指导意见》，将“推动老字号传承与创新，提高市场竞争力”列在了三大重点任务之首。《意见》指出了三条创新：“支持老字号传承和创新传统技艺；支持老字号线上线下融合发展；支持老字号创新经营管理模式。”

创新是一个极为宽泛的概念，从方法上讲也难以概括，但通常来讲，“渐进式创新”需要有量的积累，才会有质的突破，而“突变式创新”，需要有打破常规，后者要求创新者要有足够的开放度。对于历史经典产业的老字号，因为需要保护其传统性，则必须要在创新上设置一定的界限和尺度。事实上，品牌理念及核心价值就是最佳的界限和尺度——生产技术、商业模式、管理模式等都可以创新，但品牌理念和核心价值最需要坚守，只有这样，品牌才能保持其最核心的基因。

“品牌驱动开放式创新”是笔者基于“品牌思维”（Brand Thinking）所提出的新思路。如果说创新本身是开放式的，那么品牌，确切地说由品牌理念和品牌核心价值构成的制约机制就是闭合式的，由此，品牌和创新之间形成了一种驱动与制约同时作用的关系。

在品牌驱动下的创新需要考虑以下三方面的综合因素：1. 企业所关注的核心点，即品牌理念；2. 企业想达成的目标，即品牌愿景或品牌使命。

如果说愿景是企业从自身出发对发展的展望，那么使命更多的要考虑外部因素，比如社会责任；3. 企业在现实中的可能性，包括内部资源和外部市场。

在围绕着品牌进行创新活动时，要结合两种视角：1. 由内而外的视角，即以企业为中心；2. 由外而内的视角，即以用户为中心。以企业为中心的创新是工业化时代企业通常的做法，优点是企业占据创新的主动权，但问题是企业的所做、所想和所擅长的方面不一定与顾客息息相关。随着体验经济时代的到来，企业需要更多考虑以用户为中心的视角，由外而内去推动品牌的创新，让创新不再盲目，而是基于用户的真实需求和体验。当然这一视角也有问题，因为任何一个企业都不可能取悦或满足所有顾客，不可能拥有和采用所有新技术，也不可能占据所有商业和媒体渠道等。

基于以上两种视角，品牌驱动创新的过程大致可分为四个阶段：1. 理解——包括理解企业自身和理解消费者；2. 聚焦——由内而外和由外而内地选择创新机会点；3. 设计——从企业自身考量的整体方案和从消费者体验出发的解决方案；4. 实施——新的创新原则是进行快速原型开发并尽快面向消费者进行测试，然后改善或细化解决方案。品牌驱动创新的这四个阶段是循环更迭的，每个阶段都需要同时考虑内部因素和外部因素。

品牌驱动创新是一个整体性的框架，表达了品牌的内部和外部环境特征，以及强调了品牌理念、愿景、使命和核心价值。品牌驱动创新意味着在内容上，品牌要对创新工作起到引导作用；在过程中，品牌要指导创新活动怎么去做。这一切都是确保品牌进行有意义的、可持续性创新的重要条件和必要因素。

从具体操作过程来说，首先要将作为顶层设计的品牌理念、品牌愿景和使命转换成战略层级的定位，然后将品牌核心价值变成一切品牌传播和营销活动的滤镜，以此过滤品牌传播和营销活动在战术层面上的各种可能性，确保符合品牌核心价值的信息能够抵达消费者，同时删除那些与品牌核心价值不符的内容。只要企业理解如何将品牌核心价值变成一切创新活动的评判标准，那么在创新过程中如何取舍的问题也就迎刃而解了。

通过品牌驱动创新，可以找到产品、服务和市场营销中各种新的可能性，从而发现和找到新的市场、新的目标消费者和新的商业模式，从而为品牌冰山的巩固扩张创造契机。

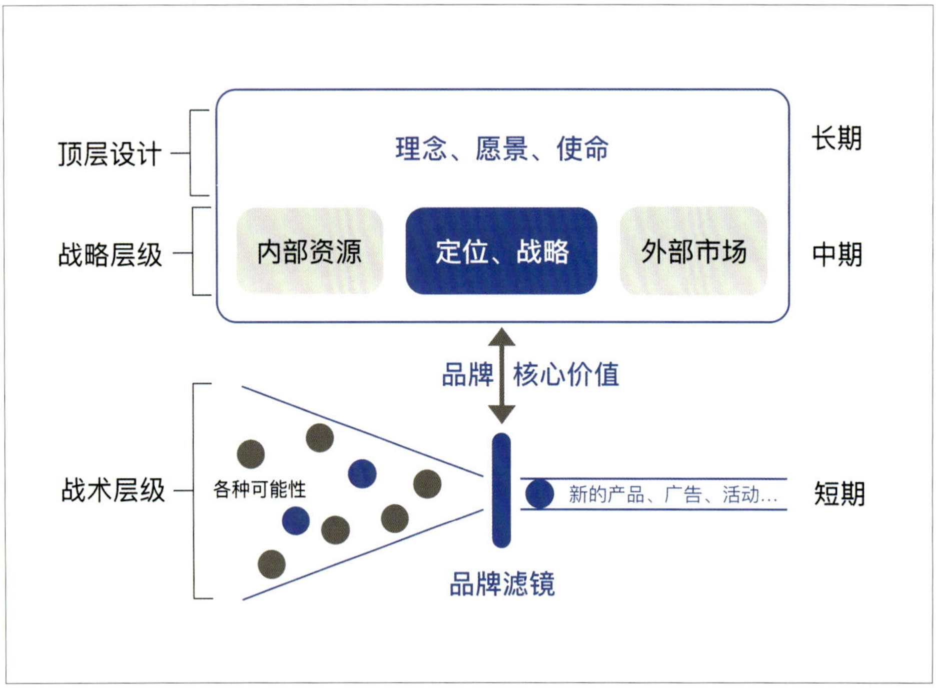

品牌驱动创新的框架模型

5.7 蓝海的开拓与品牌的进化

但凡是历史经典产业的老企业或老字号，都拥有一群忠诚度较高的老顾客。维护好这一消费者群体也就成了大多数此类企业和品牌在市场策略上重点考虑的问题。然而，如果一个企业只停留在对现有消费者的心智和行为的考量上，以及在过去的商业模式里徘徊不前，那么就如同身陷于“红海”——在已有市场中固步自封。长久以往，该企业既要面对老顾客不断减少的现实，还会面临同行竞争不断加剧的风险。任何一个历史经典产业品牌要继续生存和发展，必须要探索新的市场空间和寻找新的消费者群体，即需要从“红海”中脱离出来，驶向广阔的“蓝海”。“蓝海”代表着未知的领域，“蓝海战略”意味着要有新的市场定位，并借助于各种创新手段，超越传统的商业模式和竞争模式，去开拓更广阔的市场空间。

品牌要开拓“蓝海”市场，通常有两种方式：一是通过新产品、新服务、新商业模式、新细分行业，乃至打造出全新的行业，来改变旧市场；二是发现新市场，或者说找到潜在消费者群体并占据其心智。

“蓝海”市场的开拓，理论上是持续性的，既不能停而不前，也无法一步到位，否则就又变成了“红海”。“蓝海”战略的开放性原则决定了品牌企业必须要强调自身的进化和创造力，通过与时俱进的发展来吸引和影响年轻的消费者群体。

通常的品牌进化理论会将品牌的进化与生物的进化类比，认为品牌也是由初级阶段进化到高级阶段，进化路线一般会从小到大，从弱到强，从少触点到多触点，从小影响力到大影响力，从自身品牌到衍生品牌，等等。事实上，品牌的进化更应该理解为品牌与当下其所处生态环境的动态发展关联。如第四章所讲的，每一个品牌都有自身和外部的生态环境，按照进化理论讲，无论是商业生态还是文化生态，一旦品牌的生态环境发生变化，如果品牌企业不能主动进行与之“适应”，就无法完成“适者生存”，换句话说，“品牌生命力”也就会因此而显著减弱。

无论是品牌对“蓝海”市场的开拓，还是品牌在商业生态中的“适者生存”，都需不断地找到更“年轻”的定位。“品牌年轻化”是相对“品牌老化”而言的——历史经典产业和传统老字号普遍面临着品牌老化的问题。需要强调的是，“品牌年轻化”不能简单地等同于当下品牌界十分流行的营销主张——“品牌年轻化”。

根据美国波士顿咨询公司和阿里巴巴联合推出的《2017 中国消费趋势报告》，新世代年轻消费者（80 后、90 后、00 后）将释放巨大的消费潜力，推动 69% 的消费增长。面对近几年来消费结构的迅速变化，许多品牌企业都把目标消费者锁定在年轻消费者群体上。整个营销界都在讲：得年轻人者得天下。于是，几乎所有新品牌在入市时都会将目标受众直接定位于年轻人，很多成熟品牌也启动了“品牌年轻化”战略，企图争夺年轻人市场。

对“品牌年轻化”战略，实际上有着两种截然不同的理解：第一种是品牌的市场定位倾向于更年轻的消费者群体，通过新的形象、新的产品包装、新的广告和营销手段，同时在传播内容上不断追求时尚和热点，或者通过新颖、独特以及快速更替的设计来迎合年轻人的喜好；第二种是品牌企业强调自身与时俱进的发展，通过理念更新和技术迭代，从而实现“年轻化”。

这两种战略决定了品牌在市场上不同的表现和不同的结果。认同第一种理解的品牌竭力为自己贴上各种流行文化元素的标签，如动漫、偶像、网红、宠物、二次元等，以及蹭着各种年轻人关心的社会热点，社会上什么“潮”、什么“酷”，年轻人之间流行什么，就跟风照做，真是你方唱罢我登场。又或者依附于“双微一抖”，传播着形形色色的软文和视频，在营销内容的编撰上，自以为洞察到了当下年轻人的心理，动不动就来上一段网络流行用语，比如“世界很大，我想去看看”“拒绝 996”“我命由我不由天”等，以为只要披上了时髦的外衣，品牌就年轻化了。实际上这样做是对时尚文化的滥用和对“品牌年轻化”的误读。

认同第二种理解的品牌，通常不会选择去简单地追随流行文化，反过来它们却总是在努力成为时尚的主导者。这样的品牌企业往往有着非常悠久的历史，但在今天却依然焕发着年轻的朝气和十足的活力，比如创建于 1964 年的耐克（Nike），创建于 1949 年的阿迪达斯（Adidas），创建于1945年的索尼（Sony），创建于1886年的可口可乐（Coca Cola），还有创建于1853年的李维斯（Levi's）等。相比这些国际知名品牌，我们的很多老字号品牌，其实都不足百年历史，却完全给人以老态龙钟之相。

为什么这些国际品牌在消费者心目中能够一直保持年轻，是因为它们紧紧抓住了品牌的内核，长期坚持着自己的品牌理念。它们相信真正的“年轻化”不是靠套上一件流行文化的外衣或装点一些时尚元素，而是根植于对年轻精神的追求。品牌需要把握住这种精神，并将其转化成自己的核心价值，如阿迪达斯的“没有不可能”（Impossible is Nothing），耐克的“只管去做”（Just Do It）等，就能够创造出可以引领年轻人生活态度的内容和形式，这时候，即便是使用流行文化，也只是为更好地传达品牌理念与核心价值。

从对“年轻化”的第二种理解，我们可以更清楚地认识到第一种理解的问题所在，即品牌不应该盲目跟从流行文化与刻意迎合年轻人，迷失在他们短暂的喜恶中。品牌也不应该自以为是地对年轻人进行类型划分或肤浅地为年轻人贴一些标签，因为时代在变，年轻人也一直在变。“品牌年轻化”需要应对的不仅仅是年轻人在当下某一特定时间段他们的消费对象、消费行为和消费心理的变化，还有整个时代的变迁。现代年轻人讲求个性与自我，但任何品牌想要满足这么多个性化需求都是不可能的事。消费心理洞察归根结底要从年轻人的深层次需求出发，只有这样，才能发现某些明显的共性。当然，如果从辩证的角度去看，人人讲求个性，其实也就成了一种共性。因此，品牌在吸引年轻人时，品牌企业需要首先弄清楚，其产品和服务能满足年轻消费者的哪些真实的需求。

在“品牌年轻化”问题上，历史经典产业品牌需要有更为慎重的思考，首先要考虑适不适合走年轻化之路，因为并不是所有的“历史”“经典”的事物都需要或有必要年轻化；其次，需要具备时代精神，从而由内而外不断进化自己，以找到与时代相应的契合点；最后，回到本章节第一小节的主题——品牌要坚持自己的理念与核心价值。

六、结语——传统与创新

历史经典产业品牌应不应该坚守传统，应不应该继续以“传统”或“老”作为其品牌核心价值？在年轻消费者的心智中，传统产业和老字号的标签到底对品牌的发展是好是坏？这些问题其实我们都无法简单得到答案。

要振兴历史经典产业及其品牌，所有技术层面的问题都相对容易解决，真正最难解决的还是维持传统或大胆创新的老问题。正如本书绪论中所指出的，传统产业品牌往往过于强调维持其传统，而本能地踌躇于创新，这一问题虽容易理解却很难化解，因为维持和创新本来就是一对矛盾组合。但是，创新作为一种进化机制又是任何一个产业和任何一家企业从传统走向现代的决定性手段，于是这就又转化成了另一对矛盾组合：是传统，还是现代？

传统产业是诞生于农业社会和手工业时代的旧经济形式，产业的现代化则是指资本主义兴起后在新的生产力和生产方式推动下形成的新经济基础。对于包括历史经典产业在内的诸多领域，现代化不止是技术上可以解决的经济问题，更是技术上难以解决文化问题。我们知道，所有传统产业都根植于旧的经济基础，通过技术创新可以实现某种程度的现代化，但文化却仍然会带着旧观念和旧制度的种种特征。因为文化作为一种社会意识形态一经产生，就具有相对的独立性和稳定性，传统文化与现代文化之间尽管多少存在着联系，但更明显的是断层效应，简单地说，老一代人认为理所当然的事，年轻一代可能完全无法接受，这种断层效应是无法通过技术手段可以弥补的。这意味着文化由传统模式转型到现代模式，需要在思想、观念、制度、组织、结构等诸多方面进行激烈的转变。从理论上讲，如果不丢掉传统的包袱，文化的现代化就无从谈起。

然而，传统文化必须继承，因为文化的第一要义就是其传承的必然性。从文化的普遍属性来讲，首先就是地域性、民族性和传播性，因此，对于有着独特的地域和民族特色，并有着悠久历史的文化来说，不是能不能够传承的问题，而是必须传承的问题，否则一方地域和一个民族就没有了根基，没有了国民性。

但是，文化传承又不能是全盘照搬，必须带着批判的眼光、摒弃陈腐的勇气和与时俱进的态度。文化传承最理想化的方式是继承最具传统文化核心价值的内容，而在外在形式上、材料上和技术上，进行合理创新。这种合理创新的方法我们的先人已做了最好的总结："古为今用，西为中用"[1]。具体做法也很简单：接受新文化的方方面面，但排除其中的垃圾；保留传统文化的精华，但扬弃其中的糟粕。

事实上，上面讲到的文化传承的理想化方式十分接近现代品牌的思维逻辑：其他皆可变，品牌的理念和核心价值永恒不变。只要品牌的理念和核心价值不变，品牌的基因就没有变。正如诞生于 1886 年的可口可乐，其品牌的理念和核心价值"快乐"（Happiness）长久以来没有改变。直到今天，在可口可乐的所有品牌广告和营销活动中，我们都能非常清晰地识别出这一点。

理解这一点，就理解了"品牌思维"（Brand Thinking）。品牌思维的第一原则就是，要有一个始终不变的理念和保持稳定的核心价值，在此基础之上，产品、品类，乃至产业都可以不断创新，不断进化，甚至颠覆。

在德国斯图加特的奔驰博物馆，参观者会在进入展馆后不远处看到一匹马的标本。马作为人类最早的交通工具，即为汽车的产品"原型"。这很容易让人联想到市场营销学里一个经常被引用的典故——亨利 · 福特（Henry Ford）所说的"如果我最初问消费者想要什么，他们会告诉我，要一匹更快的马！"福特是想说，如果没有汽车的出现，消费者就不会有这一需求。19 世纪末，德国工程师卡尔 · 本茨（Karl Benz）和高特利博 · 戴姆勒 (Gottlieb Daimler) 设计制造出了世界上最早的汽车并在 1900 年开创了最早的汽车品牌"梅赛德斯"（Mercedes）。但是戴姆勒 · 奔驰汽车公司并没有把最初的汽车型制（加了引擎的三轮马车）作为一种伟大的传统传承下去，而只是将其摆放在了企业博物馆中。他们通过一次又一次的技术改良和型制迭代，不断改变着汽车这一交通工具。戴姆勒·奔

1 毛泽东《书信选集 · 致陆定一》有"古为今用，洋为中用"句。最早的践行者可追述至曾国藩及洋务运动。

奔驰品牌的百年发展

驰公司在其百年的产业进化史，传承下来唯一不变的东西是其品牌理念“Best or Nothing”，而不是其他任何形质化的所谓传统。始终追求精湛的技术、完美的质量和推陈出新的创新力，才使得“梅赛德斯 · 奔驰”这一百年品牌一代又一代、一次又一次蜕变新生，化蛹为蝶，在世界汽车产业中屹立不倒。

对待传统，德国人有一句名言：“我们的传统，就是持续百年不断的革新。”[2] 我们何尝有过这样的反思？我们的历史经典产业品牌和老字号，总是在强调其“老”，强调百年传统，强调传承艰辛，强调后继无人……言语虽悲壮，于事却无补。因为如果没有持续不断的创新，老字号品牌也好，传统文化也好，终将如消融的冰山，湮灭在人类社会不断加速发展的洪流中。

万物终朽，变革长存！

2 Buchholz, K. & J.Theinert: *Designlehren – Wege deutscher Gestaltungsausbildung*, Stuttgart: Arnoldschen Verlagsanstalt, 2007, P.6

责任编辑：徐新红
整体设计：汪建军　艾维薇
责任校对：杨轩飞
责任印制：娄贤杰

图书在版编目（CIP）数据

杭州历史经典产业品牌振兴战略研究 / 汪建军著
. -- 杭州 : 中国美术学院出版社，2020.2
ISBN 978-7-5503-2139-7

I. ①杭… II. ①汪… III. ①传统产业－企业管理－品牌战略－研究－杭州 IV. ①F279.275.51

中国版本图书馆CIP数据核字（2019）第275641号

杭州历史经典产业品牌振兴战略研究
汪建军　著

出 品 人：祝平凡
出版发行：中国美术学院出版社
地　　址：中国 · 杭州南山路 218 号 / 邮政编码：310002
网　　址：http : //www.caapress.com
经　　销：全国新华书店
制　　版：杭州海洋电脑制版印刷有限公司
印　　刷：浙江省邮电印刷股份有限公司
版　　次：2020 年 3 月第 1 版
印　　次：2020 年 3 月第 1 次印刷
开　　本：787mm × 1092mm　1/16
印　　张：11.25
字　　数：170 千
图　　数：50 幅
印　　数：0001-1000
书　　号：ISBN 978-7-5503-2139-7
定　　价：78.00 元